Table des matières

Introduction **5**

Étude approfondie de l'œuvre **7**

- **Mise en contexte :**
  La Déclaration des droits de la femme et de la citoyenne **9**
  La femme dans l'ombre des Lumières 9
  Les femmes dans la Révolution 14
  L'auteure dans son temps 18
  L'œuvre dans la production littéraire de l'auteur 26
  Chronologie sommaire 27
- **Les enjeux de l'œuvre** **33**
  La composition de l'œuvre 33
  Le préambule ou une stratégie en trois temps 34
  Postambule 37
- **Les thématiques essentielles** **43**
  Un texte de référence : *La Déclaration des droits de l'homme et du citoyen* 43
  Politique d'Olympe 51
  Philosophie d'Olympe 57
  Comparaison des préambules 59
  Commentaire comparé des deux *Déclarations* ou le jeu des dix-sept erreurs 66
- **Les enjeux littéraires de l'œuvre** **75**
  Une écriture théâtrale 76
  La rhétorique 77

Conclusion **87**

À retenir en vue de l'examen 89
Les citations à connaître 89

Le parcours associé : « Écrire et combattre pour l'égalité » 93

Présentation du parcours 95
Enjeux et thématiques, auteurs incontournables 95
Proposition de construction d'un parcours autour de l'œuvre 105
Révoltes de femmes 105
Prolongements 118
Le combat contre l'esclavage 118

Entraînement et corrigés 119

Propositions de sujets 121
Exemple de dissertation intégralement rédigée 123
Exemple de commentaire de texte à l'oral 133
Bibliographie 141
Œuvres d'Olympe de Gouges 141
Sur Olympe de Gouges 141
Sur les femmes dans la Révolution 142
Sur la Révolution française 142
Sur la Déclaration des droits de l'homme et du citoyen 143
Sur la réécriture de la Déclaration au féminin 143

Introduction

Force est de constater, en ouvrant cette étude, que rien – ou si peu – prédisposait la *Déclaration des droits de la femme et de la citoyenne* à entrer dans le programme des Épreuves Anticipées de Français. La minceur de l'ouvrage, conjuguée à ses modestes qualités littéraires, semblant plaider contre elle bien plus que sa longue disparition des mémoires – puisqu'elle ne fut republiée qu'en 1975 – ou l'historiographie qui l'a accompagnée pendant plusieurs siècles où la mauvaise foi le dispute à la bêtise machiste. Non, décidément, rien ne prédisposait la *Déclaration* à un tel usage, sinon son extraordinaire pouvoir subversif et universel, découvert, il est vrai, bien tardivement.

Car il y eut bien un trait de génie de la part de son auteure qui fait de ce court texte, largement écrit par d'autres au départ, pourrait-on dire, un nouveau texte à bien des points de vue. Ce trait de génie explique sa fortune actuelle, mais demande une analyse plus minutieuse du travail de réécriture opéré par son auteure. Elle en révélera toute la subtilité. Faute de quoi, on n'y verra qu'un vulgaire pastiche ou un étendard symbolisant une vie romanesque et très largement occupée à combattre contre les injustices de toutes sortes et pour l'égalité en général.

Ce texte cependant, malgré sa modernité et son universalité, ou plutôt à cause de celles-ci, devra d'abord être soigneusement replacé dans son contexte. Et tout d'abord celui de la femme au siècle des Lumières, sans méconnaître l'écart considérable qui sépare une minorité visible de femmes d'influence ou d'auteures, de l'immense majorité des autres en situation de minorité de droit et de fait. Celui de la Révolution française ensuite, du moins de ses premières années jusqu'à la publication de la *Déclaration* d'Olympe et à son exécution sous la Terreur.

Chez Olympe de Gouges en effet, l'écriture, l'engagement politique, la revendication personnelle, avec cette part de théâtralisation qui l'a bien desservie auprès de ceux qui, pressés de la mettre hors-jeu, pouvaient aisément puiser dans ce qu'il faut bien appeler parfois ses postures, de quoi la discréditer. C'était particulièrement malhonnête dans une époque où, précisément, la politique se mettait en scène chez tous les acteurs de la Révolution.

Il nous faudra aussi passer par une étude préliminaire de la *Déclaration des droits de l'homme et du citoyen* pour mieux comprendre tout ce que l'apport de son double féminin apporte en réalité de révolutionnaire au texte initial. Il s'agit en effet d'une véritable et originale réécriture qui met en œuvre toutes les ressources d'un authentique style qu'il faudra analyser.

« Écrire et combattre pour l'égalité », pour reprendre les termes du programme, voilà un projet que n'aurait pas désavoué Olympe de Gouges et nous verrons, en prolongement de son engagement féministe, l'importance de son combat contre l'esclavage et le racisme à la lumière d'autres textes de ses contemporains. Si les bornes officielles assignées au parcours d'accompagnement ne dépassent pas le XVIIIe siècle, il semblerait étrange, en effet, pour ne pas dire pis, de ne pas envisager la suite des combats pour l'égalité, des femmes en particulier.

Étude approfondie de l’œuvre

Mise en contexte : *La Déclaration des droits de la femme et de la citoyenne*

La femme dans l'ombre des Lumières

Évoquer la femme au siècle des Lumières, c'est immanquablement d'abord penser à telle ou telle figure marquante, « salonnière », comme on disait alors, réunissant dans son intimité un public choisi d'écrivains, d'artistes, de philosophes et de savants pour échanger dans une ambiance courtoise sur tous les sujets. Si le phénomène n'est pas nouveau, il connaît à l'époque un essor remarquable : on ne dénombre pas moins de **soixante-deux salons à Paris entre 1770 et 1775** ! Mesdames du Deffand, Geoffrin, de Tencin, de Staël, Helvétius, Sophie Condorcet ou Julie de Lespinasse incarnent cette figure qu'un portrait parfois rappelle. L'art du pastel semble conçu à dessein pour rendre la légèreté de ces figures que les rêveries du second XIXe siècle ont encore idéalisées à leur façon comme les frères Goncourt[1]. Mondanité, libertinage de mœurs, libertinage d'idées, semblent s'y confondre, comme les femmes réelles sont parfois repeintes aux couleurs des héroïnes de la littérature du temps : les Araminte ou Silvia de Marivaux, la Comtesse de Beaumarchais, la marquise de Merteuil d'un Laclos ou Mme de La Pommeraye chez un Diderot. C'est un fait, les femmes, ou plutôt **quelques femmes d'exception**, par leur naissance, leur position et leur tempérament, **ont joué un rôle parfois de premier plan dans la diffusion des idées nouvelles.** Sans Mme du Châtelet Voltaire

1. *La Femme au dix-huitième siècle*, Édition illustrée par Dujardin (1887).

eût-il compris Newton ? Olympe de Gouges a participé à cette vie des salons. Sans en tenir un elle-même, elle réunissait aussi chez elle des invités choisis. Elle a mesuré combien l'influence des femmes pouvait s'y déployer, mais elle a choisi une autre voie, moins feutrée, moins gracieuse peut-être, plus exposée en tout cas.

Mais ces figures marquantes ne doivent pas faire oublier l'immense majorité des autres femmes, celles de l'ombre. **La société d'Ancien Régime est avant tout une société d'ordres** qui relègue au second plan une quelconque solidarité féminine. Le **Tiers-État** y représente **98 % de la population** et il faut d'abord rappeler qu'**une grande majorité de femmes travaillaient**, et dès leur plus jeune âge, tout en tenant leur ménage. Dans les campagnes, elles sont aux champs ou auprès des bêtes, en ville, le travail féminin était aussi la norme dans les milieux populaires. Sans être cantonnées aux traditionnels métiers féminins subalternes comme blanchisseuses ou couturières, les femmes pouvaient aussi accéder à des centaines de métiers qualifiés comme la ganterie, l'orfèvrerie et toutes les activités méticuleuses de l'artisanat du luxe, à condition bien sûr de ne pas occuper un poste de responsabilité. Quoi qu'il en soit, **leur salaire était moitié moindre de celui des hommes**.

On peut bien sûr relever quelques exceptions, on trouve ainsi **quelques femmes peintres** dont Élisabeth Vigée Le Brun ou Marie-Guillemine Leroux-Delaville, les plus connues sans doute. Les **auteures sont plus nombreuses**. Des recherches récentes en évaluent le nombre à **cinq cent trente et une**, de tous les milieux et écrivant dans tous les genres. C'est cependant **le roman** qui va connaître à l'époque une véritable explosion. Entre 1750 et 1770, il s'en publie plus d'un millier et deux milles dans la seconde moitié du siècle. C'est le genre littéraire que choisit d'abord Olympe de Gouges pour marcher sur les traces de mesdames Riccoboni, de Graffigny, de Souza[1]... On peut aussi évoquer les femmes **actrices, danseuses ou chanteuses**, adulées mais aussi méprisées et, à l'opposé, quantité d'**institutrices** ou de préceptrices, sous-payées et demeurées dans l'anonymat à quelques exceptions près.

1. On pourra consulter par exemple *Romans de femmes au XVIIIe siècle*, Robert Laffont, coll. « Bouquins », 1996.

Les droits des femmes au XVIIIe siècle

« Évoquer les droits des femmes au XVIIIe siècle relève d'un étrange paradoxe tant les termes "femmes" et "droits" sont antinomiques à cette époque » écrit Christine Le Bozec[1].

De fait, les femmes sont **traitées comme d'éternelles mineures** qui ne sauraient rien faire sans la tutelle masculine, depuis leur enfance contrôlée par un père ou un frère, jusqu'à leur vie de femme mariée sous la surveillance d'un époux ou d'un fils si le premier vient à mourir. Elles ne sont autorisées ni à tester, ni à ester, sans un consentement masculin. Seul le statut de veuve peut leur octroyer une certaine liberté mais très limitée, c'est pourquoi Olympe le choisit à la mort de son époux. Elles sont **cantonnées à la sphère privée** et aux soins domestiques. Les femmes demeurent **exclues du pouvoir politique**. Leur influence, sauf dans les rares cas de régence, demeure occulte. C'est celle que dénoncera toute sa vie Olympe de Gouges. Quant au pouvoir religieux, il stigmatise systématiquement cette créature dont la fort lointaine ancêtre a démontré les accointances suspectes avec le Malin. Il faut ici mettre à part les protestants plus ouverts à une éducation des femmes.

L'absence d'instruction est en effet le cas le plus répandu à l'époque. Si 47 % des hommes sont capables de signer un acte de mariage, seulement 27 % des femmes le font. Il faut souligner cependant des disparités importantes entre nord et sud, et surtout villes et campagnes. À Paris spécialement, 80 % des femmes rédigent un testament et le signent contre 91 % des hommes. Dans les familles aisées, la fille pouvait recevoir **quelques rudiments**, apprendre à lire, écrire, chanter[2], broder, mais toutes ces activités devaient en faire une maîtresse de maison agréable et non lui ouvrir les portes d'un métier.

Cet enseignement est dispensé par un précepteur à domicile, à moins que la jeune fille ne soit envoyée dans une institution privée ou quelque couvent chargé de sa formation. **Choderlos de Laclos** a

1. *Op. cit.*, p. 29.
2. Le motif de la leçon de musique, propice à la naissance d'une idylle, est devenu un topos aussi bien en peinture que dans la littérature, par exemple dans *Le Barbier de Séville* ou *Les Liaisons dangereuses*.

laissé dans son roman avec Cécile de Volanges un portrait parlant de cette pensionnaire, maintenue dans ses enfantillages, sortie du couvent pour être mariée et prête à tomber dans les pièges du premier séducteur venu. C'est le même Laclos qui, répondant à la question posée par l'Académie de Châlons-sur-Marne : « Quels seraient les meilleurs moyens de perfectionner l'éducation des femmes ? », explique non sans provocation qu'« il n'est aucun moyen de perfectionner l'éducation des femmes tant que la société les maintiendra dans cet état par ses lois et ses mœurs », et d'ajouter : « Partout où il y a esclavage, il ne peut y avoir éducation[1]. » Cette question de l'éducation est bien centrale et on la retrouvera évoquée dans le postambule de la Déclaration.

Jugements sur les femmes

Laclos cependant apparaît comme une quasi-exception à l'époque, avec un d'Alembert, un Louis-Sébastien Mercier, même si, avec le recul du temps et la déformation de perspective dont nous souffrons, nous sommes davantage sensibles à des voix comme la sienne.

Quelques écrivains seulement, hommes de théâtre, médecins, ecclésiastiques parfois, **se sont émus ou indignés**, mais ils demeurent très largement minoritaires. Une grosse dizaine d'auteurs tout au plus se seraient exprimés sur le sujet, dont trois femmes.

Il faut mettre à part un **pionnier du féminisme, Poullain de la Barre** (1647-1725), ancien prêtre converti au protestantisme puis réfugié à Genève. Cette personnalité tout à fait anticonformiste conseille aux femmes d'étudier pour gagner leur vie et s'émanciper de la tutelle masculine. Le seul homme qui, après lui, osera adopter des positions aussi révolutionnaires est **Nicolas Condorcet** qui publiera **en 1791 *Sur l'admission des femmes au droit de cité*.** Il y écrit par exemple : « Les droits des hommes résultent uniquement de ce qu'ils sont des êtres sensibles, susceptibles d'acquérir des idées morales, et de raisonner sur ces idées. Ainsi les femmes

1. *Œuvres complètes*, Gallimard, Bibliothèque de la Pléiade, 1979, p. 391.

ayant ces mêmes qualités, ont nécessairement des droits égaux. Ou aucun individu de l'espèce humaine n'a de véritables droits, ou tous ont les mêmes ; et celui qui vote contre le droit d'un autre, quels que soient sa religion, sa couleur ou son sexe, a dès lors abjuré les siens. » Il devra faire vite marche arrière devant l'incompréhension quasi générale.

L'opinion générale rejoint en effet les thèses développées par **Rousseau** dans son traité d'éducation, ***Émile* (1762)**. La compagne du garçon y apparaît dans le dernier livre et, si elle se prénomme Sophie, la sagesse en grec, c'est qu'elle ne sort pas des bornes assignées à son sexe.

« Toute l'éducation des femmes, y écrit Rousseau, doit être relative aux hommes. Leur plaire ; leur être utiles, se faire aimer et honorer d'eux, les élever jeunes, les soigner grands, les conseiller, les consoler, leur rendre la vie agréable et douce, voilà les devoirs d'une femme dans tous les temps, et ce qu'on doit leur apprendre dès leur enfance. » ou **« Il est dans l'ordre de la nature que la femme obéisse à l'homme. »** Le **discours médical** d'un Pierre Roussel[1], bientôt suivi par Cabanis dont l'influence marqua le siècle suivant, donnait l'explication scientifique de cette faiblesse féminine, de son caractère ou de sa faible intelligence. Dès lors, confortée par les « preuves » scientifiques et la référence naturaliste, la position de mineures des femmes ne fait plus guère discussion dans l'opinion. Bon nombre de femmes d'ailleurs jugeaient ces prétentions à l'émancipation parfaitement déplacées. La Révolution les remettra pourtant sur le devant de la scène.

1. *Système physique et moral de l'état organique de la femme, ou tableau philosophique de la constitution de l'état organique, du tempérament et des mœurs, et des fonctions propres au sexe*, 1755.

Les femmes dans la Révolution

* La parenthèse révolutionnaire 1789-1795

Contrairement à ce que l'on imagine parfois, la Révolution française n'a pas d'abord constitué un recul de la condition féminine par rapport à ce qu'aurait été la femme libérée des dernières années de l'Ancien Régime. Au contraire, avant qu'elles ne soient brutalement exclues de l'espace public en 1795, **les femmes ont obtenu des droits civils importants entre août 1789 et septembre 1792.** En effet la *Déclaration des droits de l'Homme et du Citoyen*, en proclamant l'égalité des droits, pouvait ouvrir la voie à une reconnaissance juridique, sociale, économique et politique. Si sur les premiers points, lois et décrets accordèrent bien aux femmes un statut juridique, des droits civils égaux à ceux des hommes, la libérant de son statut de mineure, en revanche **jamais les droits politiques ne lui furent accordés.** Il est vrai qu'une minorité de femmes les réclamait.

Depuis août 1790, un mari ne pouvait plus faire enfermer sa femme et devait passer par des tribunaux de famille pour régler les conflits familiaux. En avril 1791, était instituée l'égalité successorale. La Législative introduisit le mariage républicain, reconnaissant la légitimité du mariage civil considéré comme simple contrat que les deux parties pouvaient donc dénoncer et rompre. La loi proclama ensuite l'égalité des deux époux et autorisa le divorce par consentement mutuel (20 septembre 1792). Il faudra attendre 1793 pour voir instauré le partage égal entre héritiers, et, l'année suivante, pour que soient accordés des droits égaux aux enfants illégitimes. Il faut ajouter que les religieuses étaient déliées de leurs vœux perpétuels.

La Révolution s'est donc traduite par d'authentiques avancées pour les femmes dans la reconnaissance de leurs droits civils ou de leur personnalité juridique. En revanche, sur le plan politique, leurs tentatives furent vaines pour devenir des citoyennes actives reconnues de plein droit. Le Code Napoléon représentera un recul considérable, et pour des siècles.

La participation à la Révolution

Les femmes furent peu représentées dans les Cahiers de doléances. Elles ne pouvaient les signer, sauf exception, et leur tentative d'en rédiger des spécifiques n'a que très rarement abouti[1]. Elles ont cependant participé très tôt aux différentes émeutes révolutionnaires[2]. Elles étaient **présentes le 14 juillet 1789**, même si une seule d'entre elles, Marie Charpentier, se trouve inscrite sur la liste des 843 « vainqueurs de la Bastille ». Mais le moment qui marque leur véritable entrée sur la scène révolutionnaire est leur **marche sur Versailles les 5 et 6 octobre** suivants. C'est Louise-Renée Audu, une fruitière des Halles, qui, en compagnie de cinq autres femmes, après avoir envahi les appartements du roi, aurait obtenu qu'il signe les décrets sur la Constitution et la *Déclaration des droits de l'homme et du citoyen*. **Les femmes ne quitteront pas la scène révolutionnaire pendant des années** et réclameront, pour certaines, de devenir d'authentiques citoyennes actives. Le 6 mars 1792, Pauline Léon présente devant l'Assemblée législative une pétition signée de 319 femmes demandant la création d'une garde nationale féminine.

Dans les assemblées : privées de tribune mais pas de tribunes...

Les femmes ne peuvent élire leurs représentants, ou leurs représentantes, et encore moins siéger elles-mêmes à l'Assemblée, ce qui explique la formule célèbre d'Olympe de Gouges :

> « La femme a le droit de monter sur l'échafaud, elle doit avoir également celui de monter à la tribune. »

1. On peut citer l'exception des *Cahiers de doléances et réclamations des femmes* par Madame B*** B*** du Pays de Caux qui a dû servir de modèle à d'autres exemplaires retrouvés dans diverses régions.
2. Elles s'étaient déjà signalées en 1788 lors de la « journée des tuiles » qui annonçait la Révolution. Par ailleurs, les mouvements de femmes n'étaient pas rares dans les campagnes pour dénoncer taxes et cherté des denrées.

Cependant, cela n'exclut pas leur **présence dans les tribunes** réservées au public où elles peuvent jouer un rôle important en faisant pression sur les débats, parfois avec virulence. Elles fréquentent ainsi les tribunes de l'Assemblée, mais aussi de la Commune et du Tribunal révolutionnaire où elles gagneront plus tard le surnom péjoratif de Tricoteuses[1]. Il s'agit pour elles de mettre en pratique le droit de contrôle des élus. Les femmes se sont aussi emparé du **droit de pétitionner** institué par la Constituante le 29 juillet 1789, que ce soit individuellement ou par le biais des Sociétés fraternelles. Les **48 sections parisiennes** offraient aussi aux femmes une tribune réservée. Elles n'y jouissaient ni du droit de voter ni de celui de délibérer, mais dans les moments de crise comme à l'été 1793, elles n'hésitaient pas à quitter leur tribune pour prendre part aux affrontements verbaux, ou physiques.

Elles étaient aussi présentes dans l**es clubs masculins**, même si elles n'y jouissaient pas des mêmes droits que les hommes ; elles assistaient néanmoins – et parfois de façon active – aux séances des Jacobins ou des Cordeliers. **Les sociétés fraternelles mixtes** permettent une action mieux partagée. La Société fraternelle des Patriotes des deux Sexes défenseurs de la Constitution est d'abord créée à l'initiative de l'instituteur Dansart, bientôt suivie par d'autres sociétés fraternelles, mixtes elles aussi. Ce furent souvent les lieux où les militantes firent leurs premiers pas comme Louise Kéralio, la première femme journaliste[2], Pauline Léon ou Claire Lacombe qui devait s'illustrer plus tard.

On dénombre au moins 56 **clubs féminins** de 1789 à 1793. Initiée par Etta Palm d'Aelders[3], une hollandaise très engagée pour les droits des femmes, la création des clubs féminins débute à Paris avec

1. Qui fait référence à leurs activités, tricot ou couture, durant les séances, mais voulait insister sur leur origine populaire et méprisable, et surtout leur sexe.
2. Née en 1756, elle meurt en exil en Belgique en 1822. Elle fut rédactrice en chef du *Journal d'État et du Citoyen* durant la Révolution.
3. Née en 1743 et morte en 1799, elle est originaire des Pays-Bas, s'installe à Paris où elle opère comme agent secret pour divers gouvernements tout en en menant une vie galante. Le 1er avril 1792, elle intervient à l'Assemblée pour revendiquer différents droits pour les femmes. Après une fin de non-recevoir, elle n'apparaît plus dans la vie politique.

la **Société patriotique et de bienfaisance des Amies de la Vérité**, pendant de la Fédération des Amis de la Vérité (le Cercle social de l'abbé Fauchet). On y défendait l'idée d'une éducation féminine obligatoire. Ce club, fréquenté par Olympe de Gouges et Théroigne de Méricourt, ne connut qu'un succès mitigé. En revanche, d'autres clubs, bien que limités, jouèrent un certain rôle. On peut citer surtout la **Société Républicaine Révolutionnaire** créée officiellement le 10 mai 1793, pour défendre, au besoin par les armes, la République contre les ennemis de l'intérieur et qui s'illustra, aux côtés des Montagnards, contre les Girondins.

Cependant, on ne peut que constater, à la lumière de la fin tragique d'Olympe de Gouges, mais aussi du sort terrible d'une Théroigne de Méricourt[1], que les femmes n'offraient pas un front uni et que leurs mouvements reflétaient les divisions politiques de la Révolution.

Le coup d'arrêt

La nouvelle constitution votée le 23 juin 1793 instaure un suffrage universel masculin. Peu de temps après, le rapport d'Amar au comité de sûreté générale parvient à une conclusion sans appel : « les femmes doivent-elles exercer des droits politiques et s'immiscer dans les affaires du gouvernement ? L'opinion universelle repousse cette idée. Les femmes doivent-elles se réunir en associations politiques ? En général les femmes sont peu capables de conceptions hautes et de méditations sérieuses… Voulez-vous que, dans la République française, on les voie venir au barreau, à la tribune, aux assemblées politiques comme les hommes, abandonnant et la retenue, source de toutes les vertus de ce sexe, et le soin

1. Le 15 mai 1793, après une altercation avec des femmes sans-culottes qui veulent lui interdire l'accès à la Convention, elle est fessée publiquement. Elle ne s'en remettra jamais. Emprisonnée un temps pour ses sympathies envers les Girondins, elle a déjà perdu la raison, sera enfermée et mourra à la Salpêtrière en 1807. Pour une monographie courte de ce personnage on pourra consulter de Jean et Marie-José Tulard, *Les Égéries de la Révolution*, Robert Laffont 2019, édition Pocket 2020, p. 89-113, où elle précède le chapitre consacré à Olympe de Gouges.

de leur famille ?... Nous croyons qu'une femme ne doit pas sortir de sa famille pour s'immiscer dans les affaires du gouvernement. » Le 30 octobre 1793 les clubs féminins sont fermés.

Les **journées révolutionnaires d'avril-mai 1795** sont déclenchées par une crise de subsistance et débouchent sur des exigences plus politiques comme l'application de la Constitution de 1793. C'est la crainte de ces mouvements très déterminés et politiques, beaucoup plus revendicatifs que ne l'avaient été la sans-culotterie féminine, les Tricoteuses ou les Citoyennes révolutionnaires de l'an II, qui explique la répression violente et la **réaction vigoureuse de la Convention.** Il s'agissait avant tout de mettre un terme à cette intrusion des femmes dans la vie politique.

Le texte du 4 prairial (23 mai) 1795 « décrète que toutes les femmes se retireront [...] dans leurs domiciles respectifs. » Sinon, elles « seront dispersées par la force armée et successivement mises en état d'arrestation. » Ce mot d'ordre et la mise au pas qui suivit toucha tous les regroupements féminins comme les différentes Sociétés créées par les femmes.

En guise de conclusion, on peut emprunter à Christine Le Bozec la formule par laquelle elle résume le combat des femmes durant la Révolution :

> « Une cause peu mobilisatrice, inquiétante et déstabilisatrice[1]. »

L'auteure dans son temps

Une femme

La destinée peu commune d'un personnage qui s'est créé lui-même en se rebaptisant, qui s'est forgé sa vie, expliquerait à elle seule le temps qu'il faut y consacrer. Mais, il y a plus : **l'œuvre d'Olympe de Gouges est indissociable de son existence.** C'est elle qui l'inspire tout comme, en retour, elle met toujours en pratique dans ses actes les principes pour lesquels elle combat. Enfin, les

1. *Op. cit.*, p. 163.

différents épisodes de sa vie illustrent les caractéristiques de la femme au siècle des Lumières et durant les premières années de la Révolution, ou plutôt des femmes dans la mesure où elle a vécu plusieurs vies ou incarné différents statuts féminins de son temps.

Naissance en clair-obscur

Marie Gouze est née le 5 mai 1748 à Montauban, enregistrée sur les registres de baptême comme fille légitime de Pierre Gouze, boucher, et de Anne-Olympe Mouisset. Cependant, elle est très certainement la **fille naturelle** d'un grand écrivain **de** l'époque **Jean-Jacques Le Franc de Pompignan**, grand adversaire des philosophes et cible préférée de Voltaire. Ce dévot personnage refusera toujours de reconnaître cette erreur de jeunesse et de venir en aide à son ancienne maîtresse malgré les prières de sa fille. Olympe de Gouges, rebaptisée par ses propres soins, racontera son histoire sous la forme d'une correspondance autobiographique *Mémoire de Mme de Valmont contre l'ingratitude et la cruauté de la famille de Flaucourt*, qu'elle eut la délicatesse de ne publier qu'en 1788, une fois le marquis mort.

À seize ans, **on lui fait épouser Louis-Yves Aubry**, un jeune traiteur, dont elle écrit : « un homme que je n'aimais point et qui n'était ni riche, ni bien né », avec qui elle forme un couple de bourgeois aisés de province.

Il a le bon goût de mourir rapidement, peut-être emporté par une crue du Tarn et elle décide de ne pas chercher un nouveau mariage, ce « tombeau de l'amour et de la confiance », comme elle le nomme dans sa *Déclaration*, et de choisir le statut de **veuve**, le seul qui, somme toute, laisse à la femme de l'époque une certaine liberté, du moins dans la capitale. Elle s'y installe avec son fils Pierre né en 1766.

Une femme qui s'affranchit... *À nous deux Paris !*

Elle se donne **un nouveau nom** en modifiant l'orthographe de son patronyme et en empruntant à sa mère un prénom qu'elle trouve « céleste ». Elle s'installe à Paris en compagnie d'un riche entrepreneur de transport militaire **Jacques Biétrix de Rozières** avec qui elle se brouillera en 1789. Elle y mène sans doute aussi une vie galante et l'on aurait du mal à imaginer comment elle aurait pu, à l'époque, malgré son esprit et son éducation, fréquenter les salons sans quelques protecteurs plus ou moins proches. Elle n'a aucune peine d'ailleurs à le reconnaître elle-même sans pudeur inutile ni forfanterie : « Des hommes inconsidérés sèment partout que j'ai eu des amants ; certes, la remarque est neuve et surtout bien essentielle… Faut-il qu'on me force encore d'ajouter qu'étant veuve à seize ans et devenue ma maîtresse, je fus plus exposée qu'une autre ?[1] » Elle fut très **proche de Louis-Sébastien Mercier**, auteur prolifique, entre autres du *Tableau de Paris*, ami indéfectible et peut-être son « teinturier », comme on disait, faisant la toilette de ses écrits parfois un peu négligés. Elle fréquente aussi **le chevalier Michel de Cubières**, poète, dramaturge et fondateur des Cercles anacréontiques de la Caserne dont certains membres créeront en 1776 la loge maçonnique des Neuf Sœurs, la plus célèbre de l'époque qui recevra les penseurs et les artistes les plus connus, initiant in extremis le grand Voltaire. Il est fort probable, vu ses fréquentations et certains témoignages, qu'Olympe elle-même ait été initiée dans une de ces « Loges d'adoption », comme on baptisait les loges féminines créées à l'époque. Elle fréquente aussi les **salons de Mme de Montesson ou de Fanny de Beauharnais**. On y parle théâtre, on y compose aussi des pièces et on les monte volontiers. Olympe de Gouges entretiendra aussi sa troupe privée et son « théâtre de société », qu'elle revendra en 1787. Elle-même, sans tenir officiellement un salon qui pût rivaliser avec ceux de ses protectrices, recevait et professait une admiration sans bornes pour Ninon de Lenclos qui, à l'époque de Louis XIV, inspirait les plus grands artistes. Elle lui consacrera une pièce en 1788, *Molière chez Ninon ou le Siècle des grands hommes.*

1. *Avis pressant ou réponse à mes calomniateurs*, Paris, 1789, p. 7, *in* O. Blanc, *op. cit.*, p. 44.

✱ Le théâtre avant tout ou comment « se faire jouer » par les Comédiens-français ?

Au XVIIIe siècle, le théâtre constitue le divertissement favori des citadins et il connaît un essor sans précédent. Les représentations se multiplient comme les genres dramatiques. À côté de la tragédie sur le modèle classique qui poursuit sa carrière, la comédie et renouvelée et l'on crée un nouveau genre, plus proche de la réalité et moralisateur, le drame. **C'est par le théâtre donc qu'Olympe choisit de se faire connaître.** En 1784, après cinq ans de démarches, Beaumarchais obtient finalement de faire représenter ***Le Mariage de Figaro***. C'est un triomphe. Olympe ne peut que se montrer enthousiaste pour une pièce qui dénonce par la voix de Marceline le sort des femmes : « traitées en mineures pour nos biens, punies en majeures pour nos fautes ! » Elle entreprend de lui donner **une suite, *Les Amours de Chérubin***, où elle dénonce l'autorité paternelle et maritale. Beaumarchais, jaloux de ses prérogatives, fait pression sur le Théâtre Italien pour en faire interdire la représentation. Ce n'est donc qu'en 1786 qu'elle se ruine pour faire imprimer la pièce rebaptisée *Le Mariage inattendu de* Chérubin[1]. À l'époque, pour espérer vivre de sa production, il est capital de faire jouer ses pièces et de connaître le succès. La Comédie-Française demeure pour cela le lieu privilégié. Encore convient-il de faire recevoir son texte par les Comédiens-Français très attachés à leurs privilèges. Olympe compose en 1785 ***Zamore et Mirza*** qui finit par être approuvée à l'unanimité par le comité de lecture. C'est la première fois que le thème de l'esclavage est abordé au théâtre. Le ton de la pièce, plutôt larmoyant, demeure fidèle au goût de l'époque, mais le dénouement apparaît scandaleux à plus d'un : l'esclave Zamore, qui a tué l'intendant violeur de sa fiancée Mirza, obtient pourtant sa grâce du gouverneur de l'île. Pressée de voir jouer sa pièce, outrée par les manœuvres dilatoires de Comédiens-Français, elle finit par les impatienter au point de se voir menacée très sérieusement d'une lettre de cachet signée pour le roi par le duc de Duras. **Il lui faudra attendre le 28 décembre 1789 pour voir enfin sa pièce représentée.**

1. Il serait intéressant de savoir si elle n'a pas indirectement poussé Beaumarchais à donner lui-même une suite à sa pièce avec *La Mère coupable* en 1792.

Les répétitions sont sans cesse repoussées, les acteurs refusent de se noircir le visage. Sous la pression économique du parti des colons, menaçant de résilier leurs abonnements annuels, la pièce est **très vite retirée de l'affiche**. La guerre ouverte qui l'oppose aux Comédiens-Français n'est pas près de s'éteindre. Ayant déménagé pour s'installer face au Théâtre-Français pour mieux les surveiller, Olympe a encore toutes les peines du monde à obtenir une lecture de sa nouvelle pièce *Molière chez Ninon,* dans laquelle elle met en scène la célèbre courtisane réunissant autour d'elle les grands hommes de son temps avant d'abandonner la vie mondaine, non sans avoir aidé une jeune fille pauvre et que son père ne veut pas reconnaître. Jusqu'en 1789, **elle continue à composer et batailler pour faire jouer ses œuvres** et, même après, durant la Révolution, elle poursuivra sa carrière d'auteure dramatique. Elle y défend ses idées, célébrant ses grands hommes dans *Les Rêveries de Jean-Jacques ou la mort de Jean- Jacques à Ermenonville* (1791), *Mirabeau aux Champs-Élysées* (1791), les événements marquants de l'actualité dans *L'Entrée de Dumouriez à Bruxelles* (1793), poursuivant son combat pour l'émancipation féminine avec *Le Couvent ou les Vœux forcés* (1790), *Nécessité du divorce* (1791) ou l'abolition de l'esclavage encore avec *Le Marché des Noirs* (1790). Écrivaine prolifique, et pas toujours jouée, elle se vante plus d'une fois de sa **rapidité de composition** à une époque où, il est vrai, le théâtre doit répondre vite à l'urgence de l'actualité et à la demande d'un public patriote très friand de ce genre de productions.

Le combat contre l'esclavage

Le combat pour *Zamore et Mirza,* rebaptisée lors de sa création *L'Esclavage des Nègres* lui avait donné l'occasion d'écrire un texte accompagnant l'édition de 1788, ses ***Réflexions sur les hommes nègres***. Elle y dénonçait courageusement l'esclavage en des formules puissantes :

> « L'homme partout est égal. Les Européens, avides de sang et de ce métal que la cupidité a nommé de l'or, ont fait changer la nature dans ces climats heureux. Les vaincus ont été vendus comme des

bœufs au marché. Que dis-je ? C'est devenu un commerce dans les quatre parties du monde : un commerce d'hommes ! Grand Dieu ! Et la Nature ne frémit pas ![1] »

Ce n'est qu'après la première rédaction de sa pièce, le 19 février 1788, que fut fondée par Jacques Pierre Brissot, Étienne Clavière et l'abbé Grégoire **La Société des amis des Noirs** qui s'était donné pour but l'abolition à terme de l'esclavage. Il faudra cependant attendre 1794 pour que la Convention réponde aux vœux des abolitionnistes, avant que Bonaparte ne rétablisse l'esclavage en 1802.

La scène politique

Entretemps cependant, l'urgence de la situation sociale et politique éloigne Olympe de la carrière théâtrale et elle **s'engage résolument dans les combats de son temps**. Le 6 novembre 1788, elle fait publier sur une pleine page dans le *Journal général de France* sa ***Lettre au peuple**, ou projet d'une caisse patriotique, par une citoyenne,* où elle propose un « impôt volontaire » pour lutter contre le déficit en s'en prenant à l'excès de luxe. En décembre, elle poursuit sans ses ***Remarques patriotiques*** en prônant une assistance sociale pour les plus démunis ou la création de maternités soucieuses de l'hygiène pour lutter contre la mortalité des nouveau-nés et des parturientes. Durant l'année 1789, elle fera afficher ou publier **plus d'une douzaine de brochures sur tous les sujets**, de la propreté des rues au célibat des prêtres. Après la réunion des États Généraux, elle déménage pour Versailles afin de suivre au plus près l'évolution des événements. Elle multiplie réactions, avis et propositions qu'elle fait placarder sur les murs. Elle continuera à inonder les députés, la Cour et le public de ses textes, **pamphlets divers, pétitions et brochures** durant tous les premiers mois de la Révolution. Elle songe un moment à créer un journal, *L'Impatient*, avant de renoncer devant le coût exorbitant de l'entreprise. Elle fréquente les tribunes des **clubs** ou de **l'Assemblée nationale**, les **sociétés savantes** comme le Lycée, devenu le Club de la Révolution,

1. On en trouvera le texte complet dans Olympe de Gouges, « Femmes réveille-toi », Gallimard, « Folio », 2014, suivi de la *Réponse au champion américain ou colon très avisé à connaître* de janvier 1790.

où, depuis le début des années 1780, on pouvait librement assister aux cours dispensés par des membres des Académies des sciences ou des Belles-Lettres. D'autres lieux de rencontre à la mode ont dû la recevoir comme le café Procope. Elle continue aussi à fréquenter **les salons** comme celui des **Condorcet** qui s'installèrent ensuite comme elle à Auteuil. Elle change d'ailleurs maintes fois d'adresses depuis son arrivée à Paris et jusqu'à sa mort, on lui en attribue une bonne vingtaine. Son souci est de demeurer **toujours au plus près de l'action**, comme à Versailles, en face du Théâtre-Français ou à Auteuil. Il semble qu'elle ne fait jamais partie des Sociétés proprement féminines comme celle de la baronne d'Aelders, même si elle y fait sans doute quelques apparitions. Elle multiplie en revanche les démarches pour que des **délégations de femmes** participent aux différentes manifestations patriotiques afin de mieux souligner leur statut de citoyennes. Ainsi, le 3 juin 1792; elle assiste comme « vestale de la République » à la fête de la loi au Champ-de-Mars. Elle prend aussi la parole pour haranguer les volontaires partant combattre aux frontières sur une estrade installée place du Carrousel le 22 juillet 1792, après que l'Assemblée a déclaré « la Patrie en danger ».

Après la fuite du roi à **Varennes**, et surtout l'ouverture de **son procès**, la situation d'Olympe de Gouges devient plus précaire. Si elle condamne la trahison du souverain, elle s'offre à le défendre comme homme au cours de son procès. Ce que beaucoup interprètent comme une provocation insupportable et le signe de son attachement à la monarchie alors que la république est proclamée. Autre épisode malencontreux : une semaine avant l'exécution de Louis XVI, on joue la pièce qu'elle a spécialement composée pour célébrer *L'Entrée de Dumouriez à Bruxelles,* mais, par malheur, un mois plus tard le général déserte, les armées républicaines sont battues sur le Rhin, et la Vendée se réveille.

Elle se montre surtout **de plus en plus critique contre les violences** qu'elle a toujours condamnées, en particulier les massacres de septembre. Elle prend donc fait et cause pour ses amis girondins de plus en plus menacés dans son *Testament politique,* elle multiplie les **attaques contre Robespierre**, Marat et tous les artisans de la Terreur. Elle écrit par exemple dans une affiche signée Polyme (anagramme transparente de son prénom) :

« Tu te dis l'unique auteur de la Révolution, Robespierre ! Tu n'en fus, tu n'en es, tu n'en seras éternellement que l'opprobre et l'exécration[1]... » Elle lui propose même un peu plus tard de prendre un bain dans la Seine en sa compagnie les pieds lestés par de lourds boulets ! Ultime provocation et dernier geste véritablement démocratique, elle prépare une nouvelle affiche, ***Les Trois Urnes ou le Salut de la Patrie**, par un voyageur aérien,* qui la conduira à l'échafaud. Elle y préconise l'organisation d'un scrutin pour que chaque département se prononce sur le mode de gouvernement choisi : républicain, fédératif ou monarchique. Il s'agissait d'une proposition inacceptable alors qu'on venait de voter l'interdiction, sous peine de mort, de remettre en question le gouvernement républicain.

La fin

Elle est arrêtée le jour même et comparait devant le tribunal révolutionnaire. Durant tout le temps de son incarcération, elle continue à tenir une correspondance, et même à faire placarder des affiches pour sa défense. Le 16 octobre avait vu l'exécution de Marie-Antoinette, le 8 novembre ce sera celle de Mme Roland. **Le 3 novembre 1793, elle monte** à son tour **sur l'échafaud.**

Ce que la *Feuille du Salut public* lui réserve en guise d'épitaphe le 17 novembre se passe de commentaire sur les motivations de son exécution : « Olympe de Gouges [...] voulut être un homme d'État et il semble que la loi ait puni cette conspiratrice d'avoir oublié les vertus qui conviennent à son sexe. »

1. *Pronostic sur Maximilien de Robespierre par un animal amphibie* in « Femme, réveille-toi ! », Gallimard, « Folio », 2014, p. 73. Olympe y reprend à son compte l'appellation injurieuse d'« amphibie » réservée aux « femmes-hommes » par leurs détracteurs.

L'œuvre dans la production littéraire de l'auteur

Genèse, rédaction et postérité du texte

L'année 1790 marqua une étape importante pour ce qui ne s'appelle pas encore le féminisme international. En Angleterre, Mary Woolestonecraft publie *A Vindication of the Rights of Women*, traduit en France et répandu en Amérique. Son texte fut accueilli avec une hostilité quasi générale car sa demande d'émancipation heurtait par trop le public anglais de l'époque. En Allemagne, Théodore Van Hippel publie son *Essai sur l'amélioration du sort de la femme quant au droit de cité*. Et en France, c'est Condorcet qui fait paraître son manifeste *Sur l'admission des femmes au droit de cité*, texte si révolutionnaire que pas un de ses collègues constituants ne s'y rallia et qu'il dut bien vite faire machine arrière malgré ses convictions.

Cependant, en 1791, on assiste à un reflux. Des personnalités aussi emblématiques que Théroigne de Méricourt ou Etta Palms d'Aelders ont disparu de la scène politique. C'est donc le moment que choisit Olympe de Gouges pour publier sa ***Déclaration des droits de la femme et de la citoyenne* le 14 septembre 1791**. Elle la dédie très symboliquement à la Reine à qui elle offre l'occasion de montrer son engagement du côté du nouveau régime, à un moment où son attitude devient de plus en plus suspecte. Consciente de la longueur du chemin à parcourir, elle lui propose de soutenir la cause des femmes : « défendez ce sexe malheureux, et vous aurez bientôt pour vous une moitié du royaume, et le tiers au moins de l'autre. »

Réception et postérité de l'œuvre

Comme pouvait en effet le laisser présager l'état de l'opinion sur le sujet, le texte d'Olympe de Gouges ne connut **aucun succès**. Il scandalisa à la fois les Constituants, le peuple et les femmes elles-mêmes. Il eut d'ailleurs fort peu d'écho et fut rangé avec d'autres projets jugés aussi farfelus que la Révolution ne manquait pas d'enfanter. **On y vit un simple pastiche** ou une parodie, de la

Déclaration des droits de l'homme et du citoyen. Le texte lui-même fut à son tour parodié comme dans les « Griefs et plaintes des femmes mal-mariées ».

« Si le législateur avait suivi ces dix-sept articles, la vie quotidienne des femmes en eût été bouleversée, mais ces propositions, pour installer une véritable égalité civile et politique, étaient peut-être trop en avance dans un vieux pays rigidifié dans ses habitudes et ses modes de vie par l'absence d'éducation et par la religion. » écrit Olivier Blanc à titre d'épitaphe[1].

Il faudra attendre **1975**[2] et la publication de la *Déclaration* par Benoîte Groult pour la voir réapparaître et devenir au fil des années **un des plus grands textes de référence** dans le combat pour l'égalité des femmes. En 2014, Olympe de Gouges n'entre finalement pas au Panthéon, ni en 2018, malgré la volonté de promouvoir de grandes femmes. Son buste[3] est néanmoins installé depuis 2016 dans la salle des Quatre Colonnes de l'Assemblée nationale.

Chronologie sommaire

Il apparaît impossible dans le cadre d'un ouvrage aussi limité, de revenir assez précisément sur l'histoire de la Révolution française. Nous nous bornerons donc à offrir une chronologie succincte où l'on a privilégié les dates les plus marquantes, et souvent les plus connues, en ayant en vue aussi la participation des femmes et la vie d'Olympe de Gouges.

Nous l'achevons de façon assez arbitraire sur l'entrée de Bonaparte à Milan, moins en hommage à *La Chartreuse de Parme* que parce que les victoires de la campagne d'Italie préfigurent le coup d'État du 18 brumaire, l'arrivée au pouvoir du futur Napoléon et l'ouverture d'une nouvelle page dans l'histoire du droit des femmes.

1. *Op. cit.*, p. 152.
2. Un décret du 23 juillet 1974 avait entre-temps créé le Secrétariat d'État à la condition féminine. Valéry Giscard d'Estaing, nouvellement élu Président de la République, nomme à sa tête la célèbre journaliste Françoise Giroud.
3. Sculpté par Jeanne Spehar et Fabrice Gloux.

▶ **1788**

- 3 mai : le Parlement de Paris publie une Déclaration des lois fondamentales du royaume.
- Mai : résistance des Parlements de province après la réforme judiciaire de Lamoignon.
- 7 juin : « Journée des tuiles » à Grenoble.
- 8 août : les États Généraux sont convoqués pour le 1er mai 1789.
- 27 décembre : le Conseil du roi se prononce pour le doublement des voix du Tiers-État.

▶ **1789**

- Janvier : Siéyès publie *Qu'est-ce que le Tiers État ?*
- 5 mai : ouverture des États Généraux à Versailles.
- 17 juin : le Tiers se constitue en Assemblée nationale.
- 19 juin : le clergé décide de se réunir au Tiers après un vote serré.
- 20 juin : serment du Jeu de Paume.
- 25 juin : quarante-sept députés de la noblesse rejoignent le Tiers.
- Fin juin-début juillet : mouvements de troupes vers Paris et Versailles.
- 14 juillet : prise de la Bastille.
- Fin juillet-août : insurrections paysannes et Grande Peur en province.
- 4 août : destruction du régime féodal et mise en forme du nouveau système jusqu'au 11 août.
- 26 août : *Déclaration des droits de l'homme et du citoyen.*
- 5 octobre : marche de femmes de Paris sur Versailles.
- 6 octobre : le roi est ramené à Paris où l'Assemblée va s'installer peu après.

▶ **1790**

- 13 février : abolition des vœux monastiques.
- 12 juillet : vote de la Constitution civile du clergé.
- 14 juillet : fête de la Fédération à Paris.

▶ **1791**

- 2 avril : mort de Mirabeau.
- 3 avril : transformation de l'Église Saint Geneviève en Panthéon.
- 21 juin : arrestation de la famille royale à Varennes.
- 17 juillet : la Garde nationale réprime une manifestation au Champ-de-Mars.
- 14 septembre : Louis XVI prête serment à la Constitution.
- 30 septembre-1er octobre : dernière séance de l'Assemblée constituante et première séance de l'Assemblée législative.

▶ **1792**

- 19 février : décret confisquant les biens des émigrés.
- 3 mars : émeute d'Etampes au cours de laquelle le maire Simoneau est tué.
- 11 juin : Louis XVI met son veto aux décrets sur les prêtres réfractaires et le camp des Fédérés et renvoie les ministres girondins.
- 20 juin : la foule envahit les Tuileries. Louis XVI refuse de céder mais doit coiffer le bonnet rouge.
- 11 juillet : l'Assemblée proclame « la Patrie en danger ».
- 3 août : publication du Manifeste de Brunswick.
- 10 août : le Château des Tuileries est pris d'assaut. Louis XVI se réfugie à l'Assemblée, il est suspendu.
- 13 août : la famille royale est incarcérée au Temple.
- 2-5 septembre : massacre des prisonniers dans les prisons parisiennes.
- 20 septembre : victoire de Valmy.
- 21 septembre : la Convention se réunit et abolit la royauté.
- 14 novembre : entrée des troupes française sous le commandement de Dumouriez à Bruxelles.
- 20 novembre : découverte de « l'armoire de fer » contenant la correspondance secrète du roi.
- 11 décembre : première comparution du roi devant la Convention.

▶ 1793

16-18 janvier : la Convention vote la mort du roi.

- 21 janvier : exécution de Louis XVI.
- 10 mars : création du Tribunal révolutionnaire.
- 4 avril : Dumouriez passe aux Autrichiens.
- 6 avril : premier Comité de Salut public.
- 2 juin : coup de force des sections parisiennes contre la Convention et chute des Girondins.
- 13 juillet : assassinat de Marat.
- 27 juillet : Robespierre rentre au Comité de Salut public.
- 23 août : la Convention décrète la levée en masse.
- 5 septembre : la Terreur est mise à l'ordre du jour par la Convention envahie par les sans-culottes.
- 17 septembre : vote de la loi des suspects.

▶ 1794

- 10 juin : loi sur le Tribunal révolutionnaire qui ouvre la Grande Terreur.
- 27 juillet (9 thermidor) : chute de Robespierre.
- 1er août : abolition de la loi des suspects.
- 12 novembre : fermeture du club des Jacobins à Paris.

▶ 1795

- 7 mai : exécution de Fouquier-Tinville.
- 20 mai : la Convention est envahie par des manifestants qui réclament « du pain de la Constitution de 1793 ».
- 23 mai : décret interdisant les regroupements de plus de cinq femmes sous peine d'arrestation.
- 24 mai : désarmement des sections parisiennes.
- 22 août : la Convention adopte la nouvelle Constitution.

- 5 octobre (13 vendémiaire) : Bonaparte écrase une insurrection royaliste à Paris.
- 3 novembre : entrée en fonction du Directoire après la séparation de la Convention.

▶ **1796**

- Bonaparte est nommé général en chef de l'armée d'Italie.
- 15 mai : Bonaparte entre à Milan.

Les enjeux de l'œuvre

La composition de l'œuvre

La Déclaration d'Olympe de Gouges, déclaration des droits certes, dépasse pourtant un simple formalisme juridique, elle propose un véritable cadre politique pour une émancipation des femmes. Pour cela, elle est d'abord insérée **entre un préambule et un postambule qui l'inscrivent dans une dynamique**. Si les articles ont pour objectif de poser l'égalité entre hommes et femmes, et surtout de donner les moyens d'y parvenir en posant les modalités réglant leurs rapports mutuels et avec la Nation, ces droits, même affirmés, se révèleraient impuissants sans les deux adresses, ou plutôt les deux apostrophes qui l'encadrent. À la première, « Homme », doit répondre la dernière, « Femme ». Ce sont en effet **les deux protagonistes** qui **doivent s'emparer du texte et le faire vivre**. Si l'homme se refuse à l'entendre, le projet est voué à l'échec, mais, si la femme, de son côté, ne prend pas conscience du combat à mener, il l'est tout autant. L'ordre adopté par Olympe de Gouges se révèle le plus logique et le plus efficace car ce n'est qu'après que les hommes auront accepté de changer d'attitude, après que les droits auront été déclinés, que les femmes auront toutes les bonnes raisons d'adhérer à leur tour au projet. Elle leur fournit pour cela dans le postambule un véritable argumentaire à opposer aux objections masculines. La première place de l'homme n'a rien à voir avec une quelconque prééminence sur la femme, elle est tactique. L'un comme l'autre, de toute façon, doivent, au sens propre, « entendre raison », et « faire entendre raison » pour l'auteure nécessite une certaine force de persuasion qui n'est pas exempte d'une certaine véhémence. C'est qu'il s'agit bien ici d'opérer, ou de faire opérer à chacun, une authentique révolution, **un retournement complet des mentalités et des pratiques.**

La Déclaration en pose le cadre ; il devra ensuite être décliné par une législation appropriée, par exemple, ou plutôt de façon exemplaire, dans la nouvelle organisation du régime matrimonial. C'est pourquoi la Déclaration est elle-même suivie par le projet de « **Contrat social de l'homme et de la femme** ». En cela Olympe de Gouges est bien fille des Lumières car chez tous les grands penseurs du siècle, l'amour se révèle la clef de voûte du système, l'ancien et le nouveau, et c'est donc l'amour qui constitue le levier qui rendra possible une révolution. Même en littérature, depuis *Les Lettres persanes,* où le sérail permet de penser le mode de fonctionnement du despotisme, jusqu'aux *Liaisons dangereuses* où le libertinage apparaît comme le révélateur des relations d'aliénation d'Ancien Régime, en passant par *La Religieuse,* où le couvent n'a rien à envier au harem ou Tahiti, dans le *Supplément au voyage de Bougainville,* qui permet d'interroger le lien entre lois naturelle et sociale.

Le préambule ou une stratégie en trois temps

Les trois paragraphes du texte correspondent aux trois temps de la démonstration de l'auteure.

Prendre à partie

L'adresse directe à l'homme, ou plutôt l'apostrophe, ne doit rien au hasard. Il s'agit d'une posture que l'auteur affectionne et dont elle ne se départira jamais, même dans ses dernières heures avant de monter à l'échafaud, mais cette posture entre de plein droit dans sa stratégie argumentative. Il s'agit bien de **provoquer l'adversaire**, et de le provoquer sur son terrain, celui de la force, de l'affrontement, du duel. Il s'agit d'une manœuvre de déstabilisation et de provocation qui vise à obliger l'autre à réagir mais en le plaçant sur la défensive.

La biographie d'Olympe de Gouges recèle plus d'un épisode où elle n'a pas hésité à provoquer en duel, au sens propre, un adversaire. Elle le fait indirectement dans sa réponse au comédien Florence qui la menaçait d'un « Quant à moi, si vous n'étiez pas une femme... » : « — Vous ne me parleriez pas ainsi. », suggérant qu'il n'aurait pas osé la provoquer si elle avait été un homme. Peu après, ce sont les colons esclavagistes qui l'avaient invitée à servir d'intermédiaire pour convier les Amis des Noirs « à la plaine de Grenelle ou à celle des Sablons, d'y faire des fosses et de [s'] y battre à mort. », espérant ainsi la « faire sortir de sa caverne ». Sur les sages conseils de ses amis, la bouillante Olympe n'en fit rien.

La fin du paragraphe permet d'enchaîner sur la suite en mettant déjà en place par les deux impératifs la recherche qui sera développée ensuite.

Prendre à témoin

Dans cette partie du texte, elle **retourne habilement l'argument naturaliste** qui prévalait à l'époque et justifiait la position subalterne de la femme par sa différence naturelle, sa faiblesse physique ou sa sensibilité exacerbée[1]. Olympe de Gouges choisit donc de se placer précisément sur le terrain de son adversaire pour mieux le combattre, elle l'invite à « parcour[ir] la nature ». Elle en détaille ensuite les différentes composantes pour mieux démontrer que, dans tout ce qu'elle baptise « les modifications de la matière organisée » et qui recouvre aussi bien les animaux que les végétaux », les « éléments », les « sexes » sont « confondus » et « coopèrent ». Ces deux verbes ne sont pas ici utilisés par hasard puisqu'ils annoncent directement les expressions utilisées dans le domaine politique dans les articles de la Déclaration qui suit. Ainsi,

1. Voir, par exemple ce qu'écrit Sylvain Maréchal dans sa brochure *Dame nature à la barre de l'Assemblée nationale*: « La distinction des sexes motive la protection du plus fort ou du mâle, accordée au plus faible ou à la femme, et la déférence du plus faible envers le plus fort. »

la Nation n'est-elle que « la réunion de la femme et de l'homme » (art. 3), «la masse des femmes » y est « coalisée à celle des hommes » (art. 15) et la « majorité des individus qui composent la Nation » doit « coopér(er] » à la rédaction de la Constitution (art. 16).

Pour Olympe de Gouges donc **c'est justement la nature qui est chargée de montrer la voie de l'égalité**, égalité de contribution pourrions-nous dire à l'harmonie. Il n'y a donc pas identité des sexes, bien au contraire, mais la différence n'enferme pas dans une répartition figée des fonctions et des espaces, privé et public.

Ce paragraphe use également de deux arguments d'autorité qui complètent celui de la nature avec qui ils entretiennent des relations étroites. En effet, la succession insistante des impératifs (« observe », « remonte », « étudie », « jette... un coup d'œil », « cherche », « fouille et distingue ») reflète une démarche expérimentale et fondée sur la raison. Or, c'est bien cette dernière dont se prévalent les Constituants, fidèles en cela au siècle des Lumières. La troisième autorité est Dieu, « le créateur dans sa sagesse », évoqué de nouveau plus loin par son « chef-d'œuvre immortel ». Ces trois autorités se répondent : la nature, création d'un dieu sage, obéit donc à des lois rationnelles. L'homme, en les découvrant et en y obéissant, respecte donc tout à la fois les décrets de Dieu et de la Raison.

Prendre en défaut

Enfin, dans la dernière partie, l'auteure souligne en conclusion que, **si l'homme méconnaissait la voix de la nature et de la raison, il se mettrait en contradiction avec les principes** même dont il se targue. Olympe de Gouges cependant n'y adopte pas une formulation objective et détachée, mais, au contraire, une violence de ton qui renoue avec la provocation de l'apostrophe initiale, à ceci près que, souverain mépris sans doute, elle ne s'adresse plus à l'homme qu'à la troisième personne. Elle accumule les qualificatifs péjoratifs, allant jusqu'à la dérision et l'insulte pour dire sa prétention

(« boursouflé de sciences »[1]), et surtout son inconséquence. Il prône en effet l'importance des « lumières », de la « sagacité », mais se complaît « dans l'ignorance la plus crasse » (terme particulièrement expressif par sa familiarité encore renforcée par le superlatif). Autre contradiction : il prétend faire la Révolution pour se débarrasser du despotisme, tout en voulant lui-même « commander en despote ». Les femmes, elles, ont reçu « toutes les facultés intellectuelles » et respectent finalement davantage la Révolution en prétendant jouir des droits déclarés à l'égalité.

Les articles qui suivent ne feront que développer et détailler cette juste prétention.

Postambule

Le parcours argumentatif

On peut en donner le plan schématique suivant qui en souligne la cohérence et l'efficacité argumentative.

- Adresse aux femmes sous forme d'apostrophe.
- Constat initial : la situation nouvelle après la Révolution :
  - la vérité de la nature l'emporte sur la superstition,
  - l'affranchissement de l'homme s'est fait grâce à l'aide des femmes.

1. On trouve dans *Le Bonheur primitif* où Olympe de Gouges compose une histoire de l'humanité à la façon de Rousseau à qui elle rend hommage, une sévère – et assez paradoxale – diatribe contre le développement des sciences à son époque et la prétention de tout un chacun, quelle que soit sa catégorie sociale, à y accéder.
« Quel est l'homme qui n'est point savant actuellement ? Quel est le laquais, le tailleur, et le fruitier qui ne veulent pas être philosophes. La fureur de s'instruire est devenue actuellement une maladie nationale. » (in *Lettre au peuple et autres textes, op. cit.*, p. 71). Son souci de mettre des limites aux « sciences et aux arts », si elle semble rejoindre Rousseau, a des motivations bien différentes. Il s'apparente davantage à la défense d'un privilège de caste, sous la plume d'un enfant bâtard qui reconnaît qu'elle n'a pas reçu d'instruction, mais qui croit dans le génie hérité de son vrai père, le marquis Le Franc de Pompignan.

D'où il résulte la nécessité de réclamer à ce moment-là des droits que la Révolution ne leur a pas octroyés pour remplacer les privilèges anciens de leur sexe qu'elle a détruits.

- Cette réclamation est sans risques.
- Les moyens à utiliser :
  - la force de la Raison,
  - l'union des femmes,
  - l'énergie de leur sexe.
- Nécessité d'une authentique éducation pour les femmes.
- Rappel de la situation inacceptable de la femme sous l'Ancien Régime :
  - un pouvoir occulte et immoral,
  - une dépendance insupportable à l'homme séducteur et ingrat.
- Les solutions à apporter :
  - le partage des fortunes,
  - la déclaration des enfants.

Analyse

Il convient, en commençant, de **s'adresser directement** et avec force aux femmes **pour les décider à prendre leur destin en main**. Pour donner force à cet appel, elle use de **l'apostrophe au singulier** afin que chacune de ses lectrices se sente personnellement interpellée. La métaphore du tocsin exprime de façon imagée l'urgence de la situation; elle renvoie d'ailleurs, ce qui lui donne sa force, à une authentique réalité révolutionnaire; c'est en effet à son appel par exemple que les femmes ont répondu quand elles ont marché sur Versailles. Elle expose ensuite deux raisons qui justifient cette intervention des femmes, en expliquant de nouveau par des images (« flambeau de la vérité », « briser ses fers ») ce que la situation a d'inédit. Les hommes ont décidé de renoncer aux préjugés et se sont libérés avec l'aide des femmes. Ils sont donc plus à même d'entendre la voix de la raison et leur sont redevables. La **nouvelle apostrophe, au pluriel** cette fois (car elle prépare aussi le thème de l'union nécessaire à venir), se veut beaucoup plus solennelle et dramatique pour souligner l'urgence grâce à l'interjection et au point d'exclamation : « Ô femmes ! ». Elle est suivie aussi par deux questions rhétoriques particulièrement expressives.

Pour rassurer ses compagnes, Olympe de Gouges recourt, si l'on peut dire, à **une parabole inversée**. En effet, elle se réfère à un épisode célèbre de la Bible, mais pour mieux en écarter, ou plutôt en retourner, la leçon. Ce faisant, elle illustre aussi ce que doit être le courage de la remise en question des prétendues autorités. Cette mention des noces de Cana fait référence à la première réponse que le Christ fait à sa mère quand elle lui demande d'intervenir au moment où le vin manque dans l'Évangile de Jean. La formule hébraïque, transcrite par Jérôme en latin par « *quid tibi et mihi, mulier ?* », soit, littéralement, « quoi à toi et à moi, femme ? », a été traduite ensuite par des formules plus explicites comme « qu'y a-t-il entre toi et moi ?», sous-entendu : « qu'avons-nous en commun ? »[1] Le Christ, « législateur » donc, pour reprendre le mot d'Olympe de Gouges, y aurait rappelé une sorte de loi exprimée par la traduction adaptée ici : « femmes, qu'y a-t-il de commun entre vous et nous ?», autrement dit : la femme ne peut prétendre se mêler des affaires de l'homme. C'est en ce sens que l'auteure y fait ici référence. Pour donner force et vie à ce passage où elle écarte l'objection des hommes, elle lui donne la forme d'un dialogue au discours direct où la réponse soufflée aux femmes, « Tout », fait mouche par sa brièveté. Et voilà comment, bien des siècles plus tard, la mère répond à son fils. Tout doit être commun au contraire et c'est bien à ce programme que s'est employée la Déclaration qui précède, en donnant à ce partage la plus grande extension possible, du champ politique à la sphère privée.

Elle expose ensuite **les moyens à mettre en œuvre**, au cas où la résistance des interlocuteurs ne cédait pas, en usant d'impératifs et de métaphores martiales chargées de mobiliser et d'exhorter les troupes à ce qu'elle apparente à un véritable combat (« opposez courageusement la force de la raison », « réunissez-vous sous les

1. Cette formule a ainsi par la suite pu poser un problème aux traducteurs qui y voyaient parfois un manque de respect étonnant envers la mère de Dieu. Elle n'est pourtant qu'une formule bien attestée utilisée dans l'Ancien Testament pour signifier une forme de désaccord entre deux personnes.

étendards de la philosophie », « déployez toute l'énergie de votre caractère »). Pour souligner le caractère inexorable de l'heureuse issue, elle use d'un futur de l'indicatif, le mode de la certitude et du réel (« vous verrez »), encore renforcé par l'adverbe « bientôt ». **La victoire est donc sûre** et elle est proche. La phrase suivante (« Vous n'avez qu'à le vouloir ») n'est pas sans rappeler la formule célèbre d'Étienne de la Boétie dans son *Discours sur la servitude volontaire*[1] : « Soyez résolus de ne servir plus, et vous voilà libres ». Il est impossible de déterminer avec certitude si elle s'inspire d'un texte qu'elle a pu lire, ou rejoint par des voies personnelles la pensée de son illustre prédécesseur. Cette idée en effet ne lui est pas étrangère, elle semble même traduire le principe même de son action. Tout dans son parcours montre en effet que sa détermination lui fait entreprendre ses combats contre l'injustice avec la conviction de la valeur, pourrait-on dire, performative de sa parole. Il faut néanmoins en passer par une réelle éducation des femmes.

Le développement suivant, assez long, revient sur la **position paradoxale de la femme sous l'Ancien Régime**. Sans aucun pouvoir, aliénée en société, totalement soumise aux hommes, elle prenait sa revanche en usant de ses charmes pour orienter en sous-main les décisions du pouvoir. Une formule digne d'une maxime le résume : « Ce que la force leur avait ravi, la ruse leur a rendu. »

De fait, le mauvais exemple vient d'en-haut, et ce que l'auteure appelle « le gouvernement français » a vu plus d'une fois les favorites du roi par exemple influer sur sa politique, à l'image de Madame de Maintenon ou de la marquise de Pompadour. Montesquieu l'avait fort bien dit dans *Les Lettres persanes* : « Les femmes forment une espèce de république et c'est comme un nouvel État dans l'État. » Ce passage n'est pas dénué d'une **visée morale**, voire moralisatrice, quand il évoque les courtisanes et toutes celles qui faisaient commerce de leurs charmes. De fait, dans bon nombre de cahiers de doléances rédigés par des femmes, comme dans leur discours durant la Révolution, la prostitution féminine a été un souci constant, qu'il s'agisse d'enfermer les prostituées pour cacher ce mauvais exemple et les rééduquer, ou de les mettre à l'abri en se montrant attentif à leur sort misérable. On peut cependant constater qu'**Olympe de**

1. Le texte en a été publié à titre posthume en 1576.

Gouges disculpe la femme, rompant ainsi avec l'image traditionnelle d'Eve, la Tentatrice de la Genèse responsable de tous les maux humains dans la tradition chrétienne, comme Pandora l'était dans la mythologie grecque. Si les femmes en effet ont dû recourir à la ruse et à la séduction, c'est parce qu'il s'agissait des seules armes que les hommes leur avaient laissées pour se défendre dans la position où ils les avaient délibérément placées.

Cette faculté leur ayant été retirée par la Révolution, il ne leur reste plus que la dépendance et l'aliénation. Elle évoque ensuite de manière particulièrement expressive **le sort des jeunes filles séduites et abandonnées avec leurs enfants** que les pères ne reconnaissent pas. Le caractère inexorable de ce destin est renforcé par l'exposé de tous les cas de figure possibles. Toute raison qui pourrait décider l'inconstant à en user autrement est immédiatement balayée par le texte.

Il ne reste plus alors qu'à proposer la seule **solution** qui s'impose d'elle-même, le « **partage des fortunes entre les hommes et les femmes et de l'administration publique** », **l'accès à la fonction publique ouvert aux femmes**. Ces solutions reprennent donc certains articles de la Déclaration qui précède en les justifiant a posteriori. On voit donc bien ici le **rôle d'argumentaire** joué par ce postambule adressé aux femmes.

Les thématiques essentielles

Un texte de référence : *La Déclaration des droits de l'homme et du citoyen*

Les modèles

La Déclaration d'indépendance des États-Unis, du 4 juillet 1776, a certes été accueillie en France avec une grande sympathie mais, en réalité, les droits généraux de l'homme n'y sont rappelés que dans un seul paragraphe. Il faut, si l'on cherche une influence de l'autre côté de l'Atlantique, se référer aussi aux nombreuses déclarations des droits qui précèdent les **constitutions des différents États américains** comme la Virginie en 1777 ou le New Hampshire en 1784. Cependant, il existe une différence fondamentale entre tous ces textes, très pragmatiques, destinés à être invoqués devant des tribunaux, et la **Déclaration française** qui **expose des principes philosophiques et politiques à prétention universelle**. C'est moins ensuite dans les textes anglais que dans ceux des anciens États généraux et surtout les **remontrances des cours souveraines** pendant le XVIIIe siècle qu'il faut aller chercher une influence. Le texte est par ailleurs bien sûr inspiré par **les philosophes** comme Grotius qui, le premier, a exposé le « droit naturel » ou Pufendorf qui écrit : « Les hommes étant tous égaux, sont tous également libres. » C'est surtout par l'intermédiaire de Locke, de Voltaire, de Rousseau et surtout des physiocrates, que certains constituants se sont familiarisés avec ces théories nouvelles.

Le travail déclaratoire

Le projet d'une déclaration est intimement **lié à l'idée de Constitution**. Le 9 juillet, jour même où l'assemblée se déclare constituante, le député modéré Mounier demande la rédaction d'une déclaration « courte, simple et précise », placée devant la constitution comme un préambule. Du 1er au 3 août, on débat de l'opportunité d'une déclaration et de son intégration ou non à la constitution. La première quinzaine d'août voit se multiplier les projets qui donnent lieu à des débats animés. On peut citer parmi les plus célèbres ceux de Mounier, de l'abbé Siéyès (qui en donnera une seconde mouture) et de La Fayette. Mirabeau jouera lui aussi un rôle considérable en présidant un Comité des Cinq chargé d'examiner les nombreux projets. Enfin, on adopte comme base de travail, et un peu par surprise, le projet du Sixième bureau de l'Assemblée, texte de compromis, dont il ne subsistera pourtant que quelques formules dans les derniers articles de la Déclaration. **Les députés rédigent, discutent et adoptent les dix-sept articles entre le 20 et le 26 août**. Les modérés jouent un grand rôle dans les choix définitifs.

L'esprit du texte

Les conditions dans lesquelles la Déclaration a été discutée puis adoptée en font donc **un texte de compromis** et pourtant, malgré ses inspirations multiples et ses écritures, il se présente comme **dense**, finalement **cohérent** et remarquablement **fécond**, comme en témoigne sa postérité universelle. À son sujet Stéphane Rials écrit :

> « Voici, en bref, une proclamation qui a une puissante portée intellectuelle et juridique, mais dont la composition n'a pas été effectuée par un philosophe dans le calme de son cabinet -même pas par un petit groupe [...]. Dira-t-on que la Déclaration nous livre ici une formulation moyenne de l'esprit de certaines élites du temps ? Assurément si tant est qu'une telle proposition ait un sens. »

Et l'auteur préfère employer le terme plus flou de « mouvance[1] ».

1. *Op. cit.*, p. 335.

Si **le texte d'Olympe de Gouges** revêt une indéniable valeur critique puisqu'il cherche à montrer comment la Déclaration de droits, prétendument universels, peut permettre en réalité de continuer à limiter en pratique le droit des femmes, il n'**en reprend** pas moins **l'esprit et tous les articles**, quitte à les modifier, et parfois, nous le verrons, de manière radicale, non pour les supprimer cependant, mais au contraire et toujours pour permettre que leur application soit la plus universelle possible. Il faut donc **commencer par analyser précisément les apports remarquables de la *Déclaration des droits de l'homme et du citoyen*, apports décisifs auxquels l'auteure adhère pleinement.**

L'intitulé

Il s'agit de « **déclarer** » **des droits**, non de les créer ou de les inventer, rendre parfaitement clairs et visibles, donc des droits **qui existaient déjà en réalité.** Il y a cependant nécessité d'une déclaration car ces droits doivent être dits officiellement.

> « La déclaration est à la fois une manière de dire ce qui est déjà-là et en même temps de le donner à l'existence par le fait du langage[1]. »

Ces droits sont ceux **de « l'Homme »**, entendu **au sens universel**, et tel est bien le point sur lequel Olympe de Gouges s'appuiera pour la remettre en question ou plutôt la prolonger, étudier les conditions qui pourront la rendre vraiment universelle. Ce sont aussi ceux **du Citoyen**, ils n'existent que par leur « actualisation dans un corps juridique déterminé[2] », la Nation.

Ils sont « **décrétés par l'Assemblée nationale** », ce qui leur donne un nouveau statut dans le cadre politique et « **acceptés par le Roi** », précision d'importance, même si elle est historiquement fausse puisque le souverain a refusé de sanctionner les décrets. L'Assemblée vient en premier, mais la mention du Roi se révèle aussi capitale à l'époque.

1. Thierry Leterre, Commentaire hypertexte de la *Déclaration des droits de l'homme et du citoyen* (2007).
2. *Ibid.*

Dans la Déclaration d'Olympe de Gouges se trouve précisée que la Constitution « doit être » l'œuvre de la Nation tout entière, autrement dit, et par voie de conséquence, la Déclaration, en l'état, n'est pas encore aboutie. Par ailleurs, si le Roi doit accepter la *Déclaration des droits de l'homme*, c'est à la Reine que sera dédiée très symboliquement la *Déclaration des droits de la femme*.

Le préambule

Précise qu'il s'agit de porter remède à une crise politique et c'est la seule raison qui est donnée des « malheurs publics et de la corruption des Gouvernements ». La **révolution politique** détient donc à elle seule, d'après le texte, la **solution du problème**. Pour cela, il faut repartir des droits oubliés en les « expos[ant] » par une « déclaration solennelle » ; elle doit donc émaner des « Représentants du Peuple Français, constitués en Assemblée nationale » puisque, les articles du texte le poseront, « le principe de toute souveraineté réside essentiellement dans la Nation » (art. 3) et « tous les citoyens ont droit de concourir personnellement, ou par leurs représentants » à la formation de la loi. Le respect des droits énoncés garantit donc la légitimité même de leur déclaration. Cette Déclaration est **orientée vers un but**, rappeler aux « membres du corps social » « leurs droits et leurs devoirs ». C'est le seul endroit du texte où se trouve mentionnée cette idée capitale d'**équilibre entre droits et devoirs**. L'abbé Grégoire aurait souhaité par exemple qu'on adjoigne à l'énoncé des droits celui des devoirs correspondants. Cette notion d'équilibre entre droits et devoirs sera, nous le verrons, au cœur de l'argumentation implicite de la Déclaration d'Olympe de Gouges. Puisque les femmes, dans les faits, sont soumises aux mêmes devoirs, elles doivent jouir selon elle des mêmes droits. Elle pourra également s'appuyer sur la suite du texte qui pose clairement « le but de toute institution politique » : le « maintien de la Constitution » certes, mais aussi et, peut-être surtout, **le « bonheur de tous ». L'invocation à « l'Être suprême »**, déiste dans sa formulation, présente Dieu comme simple spectateur, bienveillant et protecteur certes (« en présence et sous les auspices »), mais non comme source de la Déclaration. Il s'agit de trouver une formule de compromis entre libres penseurs et députés attachés à la référence religieuse. Ces droits sont « **naturels** », donnés par la nature, et non créés par une société, « **inaliénables** » car il est impossible de les perdre ; ils peuvent seulement être l'objet d'« ignorance », d'« oubli » ou de « mépris ») et sont « sacrés ». Ce dernier mot répond à la sacralisation du Roi que la Déclaration remet précisément en question en lui substituant celle des droits.

Les Droits de l'Homme

La Déclaration pose les bases d'une société composée d'individus libres et égaux dans la mesure où ils sont tous soumis à une loi qui s'impose à tous comme universelle. Elle **rompt** donc **avec la société d'Ancien Régime**, société d'ordres organisée en corps intermédiaires se plaçant entre l'individu et l'État. La formulation de l'article 1 lui donne d'emblée une **portée universelle. La liberté** est le premier des droits naturels, elle précède l'égalité et cette dernière ne sera pas reprise à l'article 2 parmi les « droits naturels et imprescriptibles », c'est-à-dire qui ne peuvent être supprimés.

Égalité

L'égalité en droit confirme la **disparition des privilèges**, base de l'Ancien Régime, abolis le 4 août 1789. L'article 6 affirme que la loi « doit être la même pour tous, soit qu'elle protège, soit qu'elle punisse », elle a donc une définition universaliste et individualiste : elle ne prend en compte ni l'appartenance à un groupe ni l'inégalité des conditions. L'article 6 satisfait aussi à une des exigences majeures du Tiers-État : **l'égalité d'accès aux emplois publics** fondé sur le mérite individuel et non plus la naissance. Il faut ajouter **l'égalité devant l'impôt** qui, supprime de fait les exemptions fiscales des anciens privilégiés et répartit la charge fiscale entre tous les citoyens « en raison de leurs facultés », c'est-à-dire en fonction de leurs moyens respectifs.

Liberté et libertés

La liberté, **premier droit** affirmé par la Déclaration, suppose que chacun dispose de sa personne, ce qui s'oppose à toute forme de servitude. Les articles 4 et 5 en donnent une définition générale ;

la forme négative qu'elle adopte en fait la force par son extension : « la liberté consiste à faire tout ce qui ne nuit pas à autrui » et « tout ce qui n'est pas défendu par la loi ne peut être empêché ». Il faut comprendre le principe philosophique selon lequel la loi garantit la liberté en ce que, pas son caractère universel et rationnel, elle soumet l'individu non à une personne, mais à un principe. Elle met fin donc à la dépendance d'homme à homme. **La liberté ne peut** donc **être limitée par un acte arbitraire**, personnel, comme les lettres de cachet ; il faut pour cela une loi, qui émane donc de la volonté générale.

La formulation de l'article 10 a fait, elle, l'objet d'une controverse avant d'aboutir à un compromis. L'expression retenue, « même religieuses », permet de ne pas ranger la foi en Dieu au rang des autres simples opinions et de lui conserver sa spécificité.

Le principe de la **liberté de pensée, de conscience et de religion** est posé, reconnaissant ainsi le libre arbitre et le principe de tolérance. Cependant, si la liberté de pensée, la liberté d'opinion, est entière, sa « manifestation », elle, peut être limitée si elle met en péril le nouvel ordre public des droits de l'homme.

La liberté d'expression, et en particulier de la presse, est une des premières libertés publiques qui répond à la censure omniprésente sous l'Ancien Régime (article 11). Cette liberté, présentée avec une certaine emphase (« le plus précieux »), doit être cependant encadrée par la loi pour éviter un « abus » qui pourrait menacer d'autres libertés individuelles.

Propriété

Le droit de propriété vient en second dans le deuxième article, puis il est qualifié d'« inviolable et sacré » dans le dix-septième. **L'importance accordée à la propriété** peut s'expliquer par sa place fondamentale dans la philosophie de Locke qui a inspiré fortement la pensée des Lumières françaises et des Constituants. Chez le philosophe anglais, cette notion, la *property*, est première puisqu'elle englobe la propriété de soi-même -c'est-à-dire la liberté et la sûreté- et la propriété des choses qui en est le prolongement du fait de la part de soi qu'on y met par son travail. Cette importance s'explique aussi par le souci premier des acteurs de cette

Révolution bourgeoise au moment où des troubles menacent la propriété. L'article 17 en pose les limites en prévoyant les bases juridiques de l'expropriation qui ne peut être justifiée que par « la nécessité publique ».

Liberté et sûreté

Il s'agit avant tout de **protéger** les personnes **contre les arrestations et les détentions arbitraires et illégales** par les lettres de cachet de l'Ancien Régime. Il s'agit d'un troisième droit naturel : la sûreté. La Déclaration se rapproche de l'*Habeas corpus* anglais qui affirme que toute détention doit être justifiée en vertu d'une loi (art. 7). La liberté est aussi protégée par la **présomption d'innocence** (art. 9) et la **non-rétroactivité de la loi pénale** (art. 8). Dans ce domaine, c'est l'influence de **Beccaria** et de son œuvre majeure *Des Délits et des peines* (1764), relayé par de nombreux auteurs au premier rang desquels Voltaire qui se fait sentir. Dès octobre 1789, la procédure pénale sera réformée pour en faire disparaître les pires abus.

Résistance à l'oppression

L'article 2 affirme le droit de résister à un gouvernement qui mettrait en péril « la conservation des droits naturels », c'est-à-dire un gouvernement tyrannique. On ne précise néanmoins pas du tout les modalités ou les limites de cette résistance.

Les Droits du citoyen et l'organisation des pouvoirs

Une fois déclarés les Droits de l'Homme, il convient de poser les principes qui doivent régir une société organisée et les Droits du Citoyen.

La souveraineté de la Nation

D'après le principe de souveraineté nationale rappelée à l'article 3, c'est la Nation qui est source de l'autorité. C'est la représentation nationale qui est souveraine « essentiellement », et non plus le roi. Individus ou corps intermédiaires ne peuvent exercer qu'une autorité qui en émane.

La loi : référence suprême

La loi, source exclusive du droit, prescrivant ou interdisant, garantit les droits dans l'article 7. Ceux qui sont responsables, à des degrés divers, d'actes arbitraires doivent être punis mais tout citoyen appelé ou saisi en vertu de la loi doit obtempérer. Elle ne doit défendre cependant que des actions « nuisibles à la société » (art. 5).

La « volonté générale » source de la loi

D'après l'article 6, « la loi est l'expression de la volonté générale » qui résulte d'une délibération et exprime la souveraineté de la Nation. La vérité rationnelle qu'elle énonce garantit que l'individu se soumet à la raison en lui obéissant. L'article pose également **l'égalité politique** puisque « tous les citoyens ont droit de concourir personnellement ou par leurs représentants » à l'élaboration de la loi. Notons que la Déclaration, en ne précisant pas le mode de désignation des représentants, autorisera la **distinction entre citoyens actifs et passifs**. Les femmes, par leur statut particulier qui les exclut a priori, du fait de leur sexe, sont de toute façon au-delà, ou en-deçà, de cette distinction. À vrai dire, pour les rédacteurs, la question ne se pose même pas. Si le texte rappelle, après l'article 1, que « tous les citoyens, étant égaux, sont également admissibles à tous les emplois publics », il ne précise rien en ce qui concerne les femmes qui, incluses dans le terme générique de citoyens, ne sont pas a priori exclues de ce droit.

La séparation des pouvoirs

Cette séparation entre pouvoirs législatif, exécutif et judiciaire, est posée par l'article 16 qui rappelle ce principe issu de *L'Esprit des lois* de Montesquieu et protège la liberté de l'arbitraire. Par ailleurs, le **lien étroit de dépendance entre la Déclaration des droits et la Constitution** qui la suit est expressément rappelé. Il ne saurait y avoir de Constitution violant les droits fondamentaux, ils priment sur toute organisation politique.

La force publique

Est déclarée nécessaire aux termes de l'article 12 pour faire appliquer la loi, elle ne peut donc ni ne doit, être utilisée à des fins particulières ou personnelles.

Le droit fiscal

Trois grands principes se trouvent énoncés : celui de **nécessité** (articles 12 et 13 qui s'articulent entre eux), celui d'**égalité devant l'impôt** et celui de **consentement** (article 14). On parle d'ailleurs désormais de « contribution » pour souligner qu'il s'agit d'une démarche libre puisque choisie par le Citoyen souverain par l'intermédiaire de ses représentants. La souveraineté nationale s'exprime donc aussi dans le domaine fiscal. Par ailleurs, cette contribution est progressive et répartie en fonction des facultés, ce qui doit garantir un système où ne se retrouvera plus l'injustice insupportable des privilèges d'ordres d'Ancien Régime.

Politique d'Olympe

Parmi les nombreux reproches adressés à Olympe de Gouges, figure celui de son inconstance, pour ne pas dire instabilité ou **improvisation, politique.** De fait, on peut avoir l'impression qu'elle cherche à tout prix à coller aux événements, à réagir – et vivement, avec force publicité –, quitte à devoir plus d'une fois faire marche arrière et se rétracter. Ainsi, pour ne prendre qu'un exemple, en août 1791, elle écrit un *Avis pressant au roi*, qui l'invite à refuser la

Constitution pour mieux retrouver le pouvoir qui est le sien. Dès le 5 septembre, elle écrit dans le *Repentir de Madame de Gouges*: « Puissent à mon exemple tous les aristocrates retourner sur leurs pas et embrasser comme moi les vrais intérêts de la Patrie. » et d'expliquer les craintes que lui inspirait le texte de la Constitution. Une telle palinodie n'est pas rare dans sa carrière.

Il faut d'abord reconnaître que dans une **époque** aussi **troublée** que les premières années de la Révolution, aussi neuve, malgré les expériences anglaise et même américaine qui n'avaient finalement rien de comparable, il est permis de chercher sa voie à tâtons.

> « [...] tous **ces écrits ont été rédigés à chaud**. D'où cette impression de confusion qui s'explique assez bien et que l'on remarque dans beaucoup de journaux du temps. Olympe de Gouges est surtout victime de sa spontanéité : la rapidité des événements qui se bousculent la dépasse, et elle réalise aussi après coup qu'elle a été trompée par le brouillage d'une information pléthorique, rarement sincère, et qui circule plus ou moins bien[1]. »

L'important pour Olympe de Gouges, et c'est bien ce qui explique sa volonté de toujours manifester ses prises de position de la façon la plus visible qui soit, **c'est de participer**, c'est-à-dire de montrer dans les faits, et par les seuls moyens qui lui étaient laissés, qu'elle était bien cette citoyenne active dont elle voulait voir élargir le statut à toutes les femmes. Si la tribune lui est interdite, elle organise des **délégations de femmes** présentant des motions à l'Assemblée, elle se bat pour les faire participer aux grandes manifestations, même dans un rôle symbolique et plutôt théâtral, bravant les moqueries des hommes. Ainsi, obtient-elle la présence d'une délégation de femmes à la fête de la Loi sur le Champ-de-Mars le 3 juin 1792, pour l'organisation de laquelle elle n'a pas hésité à en appeler à la générosité de Marie-Antoinette. Elle défile encore aux côtés de Théroigne de Méricourt et des vainqueurs de la Bastille le 14 juillet de la même année. Le 5 août, elle assiste à Auteuil à l'inauguration de la Maison commune, temple moderne abritant les bustes des grands hommes, qui s'achève par un défilé de femmes, habillées en vestales et tenant des rameaux de catalpa. Elle dépense aussi toute sa fortune en imprimerie, multipliant les **affiches** ou

1. O. Blanc, *op. cit.*, p. 123.

ce que nous appellerions des tracts[1]. Elle veille à la **publication de ses œuvres**, théâtrales dès 1788, mais aussi politiques, et régulièrement[2]. Elle en offre d'ailleurs la dernière édition de mai 1793 à la Convention nationale le 9 juin 1793, après l'avoir envoyée aux journalistes parisiens en avril. Elle ne veut donc perdre aucune occasion de faire entendre son avis. Elle veut ainsi rompre – et très nettement – avec le rôle traditionnel des femmes qu'elle dénonce régulièrement et sur lequel elle revient dans le postambule de la *Déclaration* : celui de conseillère occulte. Cette influence féminine cachée se confond pour elle avec les pratiques d'Ancien Régime qu'elle entend abolir, quel que soit son respect pour l'action d'une Manon Roland ou d'une Sophie de Grouchy, épouse de Condorcet, plus conforme aux usages.

Par ailleurs, même si elle a dû parfois changer son point de vue ou faire amende honorable sur tel ou tel point, **sa pensée politique témoigne d'une réelle constance**, et jusqu'au bout. Sa condamnation à mort et son exécution pourraient d'ailleurs témoigner de ce que ses adversaires l'ont bien reconnue pour ce qu'elle était, même si force est de constater que bon nombre de victimes de la Terreur ne pouvaient pas se targuer, comme elle, de représenter par certains côtés une véritable menace pour le pouvoir.

Monarchiste

« Je suis royaliste, oui, Messieurs, mais royaliste patriote, royaliste constitutionnelle[3]. »

Olympe de Gouges l'a toujours été, convaincue que la France, par ses spécificités, devait avoir un souverain, mais **pas dans n'importe quel régime et pas à n'importe quel prix**. Elle se montre d'emblée attachée au régime constitutionnel et un certain nombre de

1. Voir à ce sujet ce passage de l'affiche intitulée *Mon dernier mot à mes chers amis* : « Je quitte la carrière épineuse (et ruineuse) dans laquelle mon patriotisme, votre aimable égoïsme, vos gentillesses anthropophages [...] m'ont engagée plus longtemps que je ne l'aurais désiré... »
2. Il existe quatre éditions de ses œuvres complètes publiées de 1788 à 1793. Voir bibliographie *in* O. Blanc, *op. cit.*, p. 238.
3. *Sera-t-il roi, ne le sera-t-il pas ?*, 1791.

ses propositions concernant le traitement à réserver au roi visent à nettement séparer sa fonction de l'action du gouvernement. C'est pour cette raison qu'elle défend un moment l'organisation d'une régence (où ses ennemis verront la main du duc d'Orléans et de son clan), afin que le roi pût conserver une position indépendante, au-dessus des partis pour employer une formule anachronique. C'est aussi la raison pour laquelle, autre position mal comprise, elle défend le maintien de revenus suffisants pour que le roi, image de la Nation, dispose de tout le décorum de son rang. Le roi est donc nécessaire, mais il ne peut demeurer légitime que s'il doit fait preuve d'une fidélité sans faille à la Constitution et, bien évidemment, ne complote pas avec les ennemis du pays. La fuite de Varennes, puis la découverte de la correspondance secrète de Louis XVI avec les Princes étrangers, achèvent de détourner Olympe de positions monarchistes qui ne lui apparaissent plus tenables.

Pour la démocratie et la Constitution

Dans ce domaine aussi, son engagement ne s'est jamais démenti et rejoint les articles de la *Déclaration des droits de l'homme et du citoyen*, mais elle y met également une condition essentielle, celle que formule par-dessus tout sa Déclaration à elle : **hommes et femmes doivent participer activement et également** à la vie politique de la Nation.

Le refus de la dictature et de la violence

Cet engagement qui va former l'essentiel des dernières interventions de l'auteure au cours de ce qu'il faut bien appeler son duel avec la Montagne, le Comité de salut public et Robespierre, a été le sien dès le début de la Révolution. « Le sang, écrivait-elle par exemple, disent les féroces agitateurs, fait les révolutions. Le sang même des coupables, versé avec profusion et cruauté, souille éternellement ces révolutions[1]… » Il peut, avec la distance, nous paraître déplacé, voire dérisoire, vu la tournure que prennent

1. *La Fierté de l'innocence, ou le Silence du véritable patriotisme.*

les événements, les guerres intérieure et extérieure, la montée des périls, tout ce qui a justifié une politique qui ne craint pas de se baptiser elle-même la Terreur. Il serait tout à fait vain et ridicule de prétendre réécrire l'Histoire en se demandant si la Révolution aurait survécu sans ses violences mais, en revanche, on peut reconnaître à Olympe de Gouges une constance sans faille dans son refus d'y céder. Il lui a même fallu **beaucoup de courage** pour résister aux menaces, parfois très directes, aux voies de fait, aux incessantes provocations, et même parvenir, par l'humour et l'ironie en particulier, à les retourner à son avantage sans choisir de porter comme une Théroigne de Méricourt le sabre au côté. Ce fut le cas par exemple en décembre 1792 quand une foule armée s'amassa sous ses fenêtres pour protester contre sa dernière affiche appelant à la clémence envers le roi. Loin de se cacher, elle descendit la rencontrer et un des manifestants la saisit, lui attrapa les cheveux et leva son sabre pour mettre aux enchères sa tête à vingt-quatre sous. Et de répondre : « Mon ami, je mets la pièce de trente sous et je vous demande la préférence. » Cette plaisanterie la sauva.

Une république sociale

Dès le début, les préoccupations sociales furent au cœur de l'engagement d'Olympe de Gouges. Le 6 novembre 1788, dans *La Lettre au peuple ou projet d'une caisse patriotique*, elle propose l'idée d'un « impôt volontaire » visant le luxe pour aider à réduire le déficit du pays. Il s'agit avant tout de soulager les malheureux, comme elle en développera quelques mois plus tard le projet dans ses *Remarques patriotiques*. Elle y énumère quantité de **mesures pratiques** qui seront mises en œuvre bien plus tard parlant pour la première fois d'« **assistance sociale** » : des établissements d'accueil pour les vieillards, les enfants d'ouvriers, des ateliers publics pour les chômeurs, mais aussi des tribunaux populaires destinés à juger ne matière criminelle, ancêtres de nos jurys. Elle aborde enfin la question de l'hygiène dans les hôpitaux et les maternités et préconise, dans son « Projet utile et salutaire » d'avril 1789, la création d'un hôpital spécialement dédié aux femmes, sur le modèle des Invalides pour les anciens combattants blessés.

« Ce ne sont point des appartements somptueux, y écrit-elle, des lambris dorés que les femmes bien élevées attendent de la générosité de la nation : c'est une espèce d'Hôpital, auquel sans doute on ne donnera pas de titre répugnant, mais une Maison simple dont la propreté fera tout le luxe[1]. »

Et morale

C'est le dernier point qu'on peut évoquer et qui pourrait être mal compris peut-être, mais il entre de plein droit dans la question politique. Plus d'une fois, les écrits d'Olympe de Gouges abordent la question de la moralité et des moyens à mettre en œuvre pour la rétablir. Son souhait de voir les prostituées enfermées pour ne pas servir de mauvais exemple aux femmes décentes et être rééduquées, évoque, sans nul doute la création de l'Hôpital général à Paris en 1656, ce « grand renfermement » analysé sous l'angle de la maladie mentale par Michel Foucault dans *L'Histoire de la folie à l'âge classique*. Il rappelle aussi les différentes mesures prises par le pouvoir pour débarrasser la capitale de ses marginaux, envoyés par exemple aux Amériques sous la Régence, à l'image de Manon Lescaut, l'héroïne de l'abbé Prévost. Une telle position pourrait donc paraître surprenante, pour ne pas dire pire, sous la plume d'une femme comme Olympe de Gouges attachée au sort injuste de la femme, mais il faut la comprendre dans la logique de sa réflexion exprimée en particulier dans le postambule de la Déclaration. C'est parce que les femmes ne jouissaient sous l'Ancien régime d'aucun pouvoir officiel, qu'elles ont dû recourir au commerce de leurs charmes pour survivre ou exercer leur influence. Mais, en réalité, elles ont toujours tout eu à y perdre. Elle défend aussi le **divorce** pour des raisons de morale, afin qu'une fois le mariage choisi par amour et susceptible d'être dénoncé, le recours à l'adultère cesse.

1. O. de Gouges, « Femme, réveille-toi ! », *Déclaration des droits de la femme et de la citoyenne* et autres écrits, Gallimard, coll. « Folio », 2014, p. 26.

Philosophie d'Olympe

Nous ne pouvons prétendre offrir une analyse complète des idées de l'auteure, mais nous nous proposons de dégager seulement quelques traits essentiels de sa pensée qu'on retrouve au fondement de la *Déclaration des droits de la femme et de la citoyenne*. Elle les exprime en particulier en avril 1789 dans ***Le Bonheur primitif** de l'Homme ou les Rêveries patriotiques*[1], un texte très fortement inspiré par Le *Discours sur les sciences et les arts* de Jean-Jacques Rousseau à qui elle rend expressément hommage.

On peut poser **trois fondements** essentiels pour elle : **la nature, la raison et un Dieu déiste.** En cela, elle apparaît bien comme une fille des Lumières. « La Religion [...] a toujours été la base de la discorde, de l'élévation des uns et de l'abaissement des autres [...] Les hommes en abandonnant le culte de la Nature perdirent le vrai bonheur. », écrit-elle[2]. Le bonheur ne peut reposer que sur l'obéissance aux lois naturelles qui sont, elles-mêmes l'œuvre d'un Dieu bon et raisonnable. Cette conception voltairienne prend aussi les couleurs du naturalisme qui lui succède et qui crée ses nouveaux mythes à opposer aux mythes chrétiens. Comme l'écrit Jean Erhard: « **L'idée de Nature est bien plus qu'une notion abstraite** : qu'on admire l'ordre rationnel des choses ou la puissance qu'elles révèlent, on adopte toujours une **attitude affective**, impliquée dans l'usage même du mot. Mythologie plutôt que simple idéologie : qu'elle reste subordonnée à Dieu ou qu'elle s'oppose à lui, la Nature n'a pas encore perdu le prestige de la Divinité[3]. »

La Raison est directement liée à la Nature (avec leurs majuscules) et au Grand Architecte de l'Univers puisqu'elle permet de connaître les lois divines et rationnelles qui ordonnent le monde. On pourrait préciser qu'Olympe de Gouges voue **un culte particulier à la Vérité** et une aversion égale à la dissimulation et au mensonge. Ce souci trouve une traduction dans son combat pour

1. In *Lettre au peuple et autres textes*, Gallimard, « Folio Sagesses », 2018.
2. *Le Bonheur primitif, op. cit.*, p. 85.
3. Jean Erhard, *L'idée de nature en France à l'aube des Lumières*, Flammarion, 1970, p. 151.

la reconnaissance des enfants naturels par leurs pères, mais aussi son refus de l'influence occulte de tel ou tel, et des femmes en particulier. Nous l'avons vu, dans notre examen de sa politique, il explique sa volonté constante de rendre publiques ses positions et d'affronter ses ennemis et détracteurs au grand jour.

La Raison est aussi ce qui permettra de **détruire** avec l'ignorance, **le fanatisme et les** différents **préjugés**. D'où l'importance de l'éducation, aussi bien pour les filles que les garçons.

L'objectif d'Olympe de Gouges pourrait se résumer en un mot, celui que le révolutionnaire Saint-Just qualifiait d'« idée neuve en Europe », **le bonheur**, qui ne peut se concevoir, fondamentalement, c'est-à-dire au fondement, que comme bonheur individuel. C'est de lui en effet, de la reconnaissance des individus avec leurs particularités, que peut résulter le bonheur collectif et universel. Cette notion philosophique trouve sa traduction politique dans le triptyque républicain **Liberté, égalité, fraternité**.

Comparaison des préambules

Les Représentants du Peuple français, constitués en Assemblée nationale, considérant que l'ignorance, l'oubli ou le mépris des droits de l'Homme sont les seules causes des malheurs publics et de la corruption des Gouvernements, ont résolu d'exposer, dans une Déclaration solennelle, les droits naturels, inaliénables et sacrés de l'Homme, afin que cette Déclaration, constamment présente à tous les Membres du corps social, leur rappelle sans cesse leurs droits et leurs devoirs ; afin que les actes du pouvoir législatif, et ceux du pouvoir exécutif, pouvant être à chaque instant comparés avec le but de toute institution politique, en soient plus respectés ; afin que les réclamations des citoyens, fondées désormais sur des principes simples et incontestables, tournent toujours au maintien de la Constitution et au bonheur de tous. En conséquence, l'Assemblée nationale reconnaît et déclare, en présence et sous les auspices de l'Être suprême, les Droits suivants de l'Homme et du Citoyen.	**Les mères, les filles, les sœurs, représentantes de la Nation, demandent d'être constituées en Assemblée nationale** ; considérant que l'ignorance, l'oubli ou le mépris des droits de la femme, sont les seules causes des malheurs publics et de la corruption des gouvernements, ont résolu d'exposer, dans une déclaration solennelle, les droits naturels, inaliénables et sacrés **de la femme**, afin que cette déclaration, constamment présente à tous les Membres du corps social, leur rappelle sans cesse leurs droits et leurs devoirs, afin que les actes du pouvoir **des femmes**, et ceux du pouvoir **des hommes** pouvant être à chaque instant comparés avec le but de toute institution politique, en soient plus respectés, afin que les réclamations des **Citoyennes**, fondées désormais sur des principes simples et incontestables, tournent toujours au maintien de la Constitution, **des bonnes mœurs**, et au bonheur de tous. En conséquence **le sexe supérieur en beauté, comme en courage dans les souffrances maternelles,** reconnaît et déclare, en présence et sous les auspices de l'Être suprême, les Droits suivants de **la Femme et de la Citoyenne**.

Il apparaît clairement à la lecture du préambule réécrit par Olympe de Gouges que son texte ne prétend **pas remplacer la *Déclaration des droits de l'homme*, mais la compléter** en lui adjoignant un texte précisant les droits des femmes puisque leur statut particulier et leur relation avec les hommes rendent nécessaire de préciser un certain nombre de points.

Il s'agit, comme pour la Déclaration des droits de l'homme, de **« déclarer » des droits, non de les créer ou de les inventer**. Cette reprise prend cependant ici un sens autre, du fait qu'elle concerne les femmes : **leurs droits ont toujours existé, par nature**, il ne s'agit que de leur donner une traduction écrite à laquelle on puisse se référer officiellement.

On pourra relever pour commencer qu'elle parle des **« mères, des filles et des sœurs »**, considérées comme « représentantes de la Nation ». Dès le début du texte, il est donc stipulé que les femmes, bien que, dans la situation de l'époque, elles ne puissent ni être électrices ni représentantes, n'en sont pas moins, par principe, et selon la *Déclaration des droits de l'homme* à portée universelle, déjà représentantes puisqu'elles composent avec les hommes la moitié de la Nation d'où émane la souveraineté et donc la loi. Il s'agit cependant ici d'une révolution d'une portée plus grande encore puisque, dans le préambule initial, le texte était l'œuvre des représentants, c'est-à-dire des députés élus à la Constituante, alors qu'ici, ce sont **toutes les femmes** qui sont **présentées comme des représentantes.** Ces droits ne sont donc pas l'œuvre d'un groupe restreint d'individus, même s'il est représentatif, mais ils émanent de l'ensemble des femmes. Leur légitimité est donc d'emblée posée de façon incontestable. On pourrait aussi faire observer qu'une telle formulation rend d'une certaine manière Olympe de Gouges la seule et unique représentante de toutes les femmes... Toutes ces femmes demandent néanmoins à être « constituées en Assemblée nationale ». Cela ne saurait se concevoir de manière pratique mais sans doute faut-il l'entendre comme une sorte de légitimation théorique. Par ailleurs, en énumérant « Les mères, les filles, les sœurs », l'auteure omet à dessein les épouses. **Le rapport de filiation** ainsi mentionné **exclut** donc **les hommes** de manière radicale et ne pose qu'un rassemblement de femmes existant sans référence au masculin, ne se définissant que par elles-mêmes, sans la médiation d'un époux. C'est opérer, déjà, dans la langue, la révolution à laquelle appellent le changement juridique de la femme et la réforme du mariage incluant le divorce. Les droits ainsi proclamés sont ceux des femmes car la différenciation sexuelle implique une législation qui en tienne compte et puisse s'inspirer d'un texte de référence spécifique. Il faut ajouter que, bien qu'elle reprenne à l'identique la formule initiale « considérant que l'ignorance [...] des droits sont les seules causes des malheurs publics et de la corruption des gouvernements », le remplacement de « droits de l'Homme » par « droits de la femme » rappelle que, si les droits d'une partie de l'humanité sont bafoués, les répercussions politiques seront aussi graves que celles qu'a connues l'Ancien Régime. Elle pose ainsi clairement les enjeux de son texte.

À la séparation des pouvoirs, législatif et exécutif du premier texte, l'auteure substitue les **deux pouvoirs, féminin et masculin**. Comment peut-on comprendre sa formule ? Il ne s'agit pas là non plus d'imaginer un système politique double comprenant deux exécutifs et deux assemblées[1], mais de préciser que, dans les décisions politiques qui seront l'œuvre des femmes, devenues citoyennes actives, et des hommes, devra s'établir **un certain équilibre** des pouvoirs dans la mesure où les visées de l'un et l'autre groupe pourront se trouver différentes voire opposées. La traduction de ce principe pourrait par exemple prendre la forme d'un strict respect de la parité en politique qui répondrait au souhait de l'auteure.

Elle ajoute aux buts poursuivis la défense des « bonnes mœurs ». Il ne faut pas voir dans cet ajout un gage donné aux hommes qui seraient assurés que les femmes, même citoyennes, ne sortiraient pas des bornes de la décence. Ce que signifie ici Olympe de Gouges, si l'on se réfère à ses autres textes, c'est que les mœurs ont tout à gagner au respect des droits de la femme puisqu'ils garantiront que la situation insupportable de l'Ancien Régime où régnaient le libertinage et l'adultère ne pourra plus se reproduire. Le projet de « contrat social de l'homme et de la femme » suivant le postambule détaillera comment.

1. C'est le scénario qu'envisage Marivaux dans sa pièce, *La Colonie*.

Enfin, la dernière périphrase par laquelle elle désigne l'ensemble des femmes qui, là aussi, remplace l'Assemblée nationale du premier texte, « **le sexe supérieur en beauté, comme en courage dans les souffrances maternelles** », affirme une fois encore la spécificité des femmes, mais en les posant comme formant un « sexe supérieur ». Des deux domaines où s'exprime cette supériorité, le premier semble reprendre une figure obligée de la galanterie, et donc emprunter, si l'on peut dire la voix de l'adversaire, mais le second se révèle plus provocateur et non dénué d'ironie en dépossédant l'homme d'une de ses traditionnelles prérogatives, le courage, pour l'attribuer à la parturiente. Au-delà de la provocation finale, cette précision fonctionne aussi comme un retournement de l'argument naturaliste qui voulait faire de la femme une créature que sa faiblesse doit nécessairement mettre sous la protection d'un homme fort et courageux.

Art. 1er. Les hommes naissent et demeurent libres et égaux en droits. Les distinctions sociales ne peuvent être fondées que sur l'utilité commune.	**La Femme naît libre et demeure égale à l'homme en droits**. Les distinctions sociales ne peuvent être fondées que sur l'utilité commune.
Art. 2. Le but de toute association politique est la conservation des droits naturels et imprescriptibles de l'Homme. Ces droits sont la liberté, la propriété, la sûreté, et la résistance à l'oppression.	Le but de toute association politique est la conservation des droits naturels et imprescriptibles **de la Femme et de l'Homme** : ces droits sont la liberté, la propriété, la sûreté, et surtout la résistance à l'oppression.
Art. 3. Le principe de toute Souveraineté réside essentiellement dans la Nation. Nul corps, nul individu ne peut exercer d'autorité qui n'en émane expressément.	Le principe de toute Souveraineté réside essentiellement dans la Nation, **qui n'est que la réunion de la Femme et de l'Homme** : nul corps, nul individu, ne peut exercer d'autorité qui n'en émane expressément.

Art. 4. La liberté consiste à pouvoir faire tout ce qui ne nuit pas à autrui : ainsi, l'exercice des droits naturels de chaque homme n'a de bornes que celles qui assurent aux autres Membres de la Société la jouissance de ces mêmes droits. Ces bornes ne peuvent être déterminées que par la Loi.	La liberté **et la justice consistent à rendre tout ce qui appartient à autrui** ; ainsi l'exercice des droits naturels **de la femme n'a de bornes que la tyrannie perpétuelle que l'homme lui oppose** ; ces bornes **doivent être réformées par les lois de la nature et de la raison**.
Art. 5. La Loi n'a le droit de défendre que les actions nuisibles à la Société. Tout ce qui n'est pas défendu par la Loi ne peut être empêché, et nul ne peut être contraint à faire ce qu'elle n'ordonne pas.	**Les lois de la nature et de la raison défendent toutes** actions nuisibles à la société : tout ce qui n'est pas défendu **par ces lois, sages et divines,** ne peut être empêché, et nul ne peut être contraint à faire ce **qu'elles n'ordonnent pas**.
Art. 6. La Loi est l'expression de la volonté générale. Tous les Citoyens ont droit de concourir personnellement, ou par leurs Représentants, à sa formation. Elle doit être la même pour tous, soit qu'elle protège, soit qu'elle punisse. Tous les Citoyens étant égaux à ses yeux sont également admissibles à toutes dignités, places et emplois publics, selon leur capacité, et sans autre distinction que celle de leurs vertus et de leurs talents.	La Loi **doit être** l'expression de la volonté générale ; **toutes les Citoyennes et** Citoyens doivent concourir personnellement, ou par leurs Représentants, à sa formation ; elle doit être la même pour tous : **toutes les Citoyennes et** tous les Citoyens, étant égaux à ses yeux, doivent être également admissibles à toutes dignités, places et emplois publics, selon leurs capacités, et sans autres distinctions que celles de leurs vertus et de leurs talents.
Art. 7. Nul homme ne peut être accusé, arrêté ni détenu que dans les cas déterminés par la Loi, et selon les formes qu'elle a prescrites. Ceux qui sollicitent, expédient, exécutent ou font exécuter des ordres arbitraires, doivent être punis ; mais tout citoyen appelé ou saisi en vertu de la Loi doit obéir à l'instant : il se rend coupable par la résistance.	**Nulle femme n'est exceptée ; elle est accusée, arrêtée, et détenue dans les cas déterminés par la Loi. Les femmes obéissent comme les hommes à cette Loi rigoureuse.**

Art. 8. La Loi ne doit établir que des peines strictement et évidemment nécessaires, et nul ne peut être puni qu'en vertu d'une Loi établie et promulguée antérieurement au délit, et légalement appliquée.	La Loi ne doit établir que des peines strictement et évidemment nécessaires, et nul ne peut être puni qu'en vertu d'une Loi établie et promulguée antérieurement au délit et légalement appliquée **aux femmes**.
Art. 9. Tout homme étant présumé innocent jusqu'à ce qu'il ait été déclaré coupable, s'il est jugé indispensable de l'arrêter, toute rigueur qui ne serait pas nécessaire pour s'assurer de sa personne doit être sévèrement réprimée par la loi.	**Toute femme étant déclarée coupable, toute rigueur est exercée par la Loi.**
Art. 10. Nul ne doit être inquiété pour ses opinions, même religieuses, pourvu que leur manifestation ne trouble pas l'ordre public établi par la Loi.	Nul ne doit être inquiété pour ses opinions même **fondamentales, la femme a le droit de monter sur l'échafaud ; elle doit avoir également celui de monter à la Tribune** ; pourvu que **ses manifestations ne troublent** pas l'ordre public établi par la Loi.
Art. 11. La libre communication des pensées et des opinions est un des droits les plus précieux de l'Homme : tout Citoyen peut donc parler, écrire, imprimer librement, sauf à répondre de l'abus de cette liberté dans les cas déterminés par la Loi.	La libre communication des pensées et des opinions est un des droits les plus précieux de **la femme, puisque cette liberté assure la légitimité des pères envers les enfants. Toute Citoyenne peut donc dire librement, je suis mère d'un enfant qui vous appartient, sans qu'un préjugé barbare la force à dissimuler la vérité** ; sauf à répondre de l'abus de cette liberté dans les cas déterminés par la Loi.
Art. 12. La garantie des droits de l'Homme et du Citoyen nécessite une force publique : cette force est donc instituée pour l'avantage de tous, et non pour l'utilité particulière de ceux auxquels elle est confiée.	**La garantie des droits de la femme et de la Citoyenne** nécessite une **utilité majeure ; cette garantie** doit être instituée pour l'avantage de tous, et non pour l'utilité particulière de **celles** à qui elle est confiée.

Art. 13. Pour l'entretien de la force publique, et pour les dépenses d'administration, une contribution commune est indispensable : elle doit être également répartie entre tous les citoyens, en raison de leurs facultés.	Pour l'entretien de la force publique, et pour les dépenses d'administration, **les contributions de la femme et de l'homme sont égales ; elle à part à toutes les corvées, à toutes les tâches pénibles ; elle doit donc avoir de même part à la distribution des places, des emplois, des charges, des dignités et de l'industrie.**
Art. 14. Tous les Citoyens ont le droit de constater, par eux-mêmes ou par leurs représentants, la nécessité de la contribution publique, de la consentir librement, d'en suivre l'emploi, et d'en déterminer la quotité, l'assiette, le recouvrement et la durée.	**Les Citoyennes et** Citoyens ont le droit de constater par eux-mêmes ou par leurs représentants, la nécessité de la contribution publique. **Les Citoyennes ne peuvent y adhérer que par l'admission d'un partage égal, non seulement dans la fortune, mais encore dans l'administration publique, et de** déterminer la quotité, l'assiette, le recouvrement et la durée **de l'impôt**.
Art. 15. La Société a le droit de demander compte à tout Agent public de son administration.	**La masse des femmes, coalisée pour la contribution à celle des hommes,** a le droit de demander compte, à tout agent public, de son administration.
Art. 16. Toute Société dans laquelle la garantie des Droits n'est pas assurée, ni la séparation des Pouvoirs déterminée, n'a point de Constitution.	Toute Société, dans laquelle la garantie des Droits n'est pas assurée, ni la séparation des Pouvoirs déterminée, n'a point de Constitution ; **la Constitution est nulle, si la majorité des individus qui composent la Nation, n'a pas coopéré à sa rédaction.**
Art. 17. La propriété étant un droit inviolable et sacré, nul ne peut en être privé, si ce n'est lorsque la nécessité publique, légalement constatée, l'exige évidemment, et sous la condition d'une juste et préalable indemnité.	**Les propriétés sont à tous les sexes réunis ou séparés ; elles ont pour chacun** un droit inviolable et sacré ; nul ne peut en être privé **comme vrai patrimoine de la nature**, si ce n'est lorsque la nécessité publique, légalement constatée, l'exige évidemment, et sous la condition d'une juste et préalable indemnité.

Commentaire comparé des deux *Déclarations* ou le jeu des dix-sept erreurs

En rédigeant sa *Déclaration,* Olympe de Gouges **ne présente pas**, contrairement à ce qu'on croit, ou prétend parfois, avec plus ou moins de bonne foi, **un simple décalque de la *Déclaration* initiale** *des droits de l'homme et du citoyen.* **Il ne s'agit pas** non plus **d'une simple adjonction du féminin**. Remplacer « l'homme », ce nom générique et abstrait désignant l'ensemble de l'humanité, par « la femme et l'homme » replace de fait le texte dans un cadre concret, en modifie *ipso facto* le sens et la portée. Il ne s'agit pas d'étendre la portée des droits abstraits de la Déclaration de 1789 aux femmes (entreprise qui, en soi, n'aurait aucun sens puisque, précisément, elles sont déjà incluses dans l'expression « l'Homme »), mais d'**envisager des droits concrets**, ou plutôt de démontrer tout d'abord que prétendre que ces droits sont universels, donc applicables aux femmes, en modifie nécessairement la nature ou du moins nécessite leur reformulation et leur adaptation. Femmes et hommes ne sont en effet pas parfaitement identiques ni même symétriques, par leur nature, mais aussi par l'histoire de leurs relations.

Si car oubliées

Dix-sept erreurs ? Ce titre ne veut pas signifier que, pour Olympe de Gouges, les rédacteurs de la *Déclaration des droits de l'homme et du citoyen* se sont trompés. Il ne s'agit pas de corriger les erreurs que comporterait le premier texte, mais de le prolonger. Il s'agit, pourrait-on dire, d'**erreurs par omission**. En n'allant pas jusqu'au bout des conséquences de leurs principes, les rédacteurs se sont montrés selon elle, au sens propre, inconséquents, c'est-à-dire qu'ils n'ont pas poussé jusqu'à leur terme les droits qu'ils affirmaient, qu'ils n'en ont pas tiré toutes les conséquences, et même, dans certains cas, les ont même foulés au pied.

Pour bien comprendre le travail qu'Olympe de Gouges opère sur la Déclaration initiale, celle des droits de l'Homme et du citoyen, il s'avère nécessaire d'étudier article par article les modifications qu'elle y a introduites.

- **Article 1 :** Le pluriel, « Les hommes » désignait bien l'ensemble de l'humanité et s'inscrivait clairement contre les privilèges d'Ancien Régime, la reformulation subdivise l'expression en « La

Femme » et « l'homme », manière de rappeler que **cette universalité comprend bien les deux genres**, mais surtout de poser une exigence particulière dans l'organisation de leur rapport. Il s'agit en effet d'affirmer en commençant que « La femme naît libre », c'est-à-dire que son sexe ne la prédispose pas à être aliénée, il s'agit aussi de rappeler qu'elle doit « demeur[er] » égale à l'homme, c'est-à-dire que **les droits** humains revendiqués par les Constituants **concernent aussi la relation entre femmes et hommes.**

- **Article 2** : Ici encore l'auteure substitue au singulier à valeur universelle, « l'Homme », sa traduction genrée « la Femme et l'Homme », façon de rappeler que les droits affirmés concernent bien les deux. Ces droits, remarquons-le, prennent ce faisant un sens particulier puisqu'ils peuvent se concevoir comme droits de la femme défendus contre la prétention des hommes à les remettre en question. Dès lors, la « résistance à l'oppression » prend un sens nouveau et peut se comprendre comme **résistance à l'oppression masculine**.
- **Article 3** : Olympe de Gouges prend ici soin de préciser que la Nation, d'où émane toute la souveraineté, « n'est que la réunion de la femme et de l'homme ». Il faut en effet poser clairement que **les femmes sont des citoyennes actives** par principe, par la notion même de Nation. Le restrictif « ne que » est à comprendre comme « ne peut être que » ; dans le cas contraire, le concept de Nation, réduit aux hommes, n'aurait plus de sens, ou, en tout cas, plus le sens que prétendent lui donner les auteurs de la Déclaration. Dès lors, s'ils refusaient de partager avec les femmes la souveraineté, et ce qui en découle sur un plan pratique, ils se mettraient en contradiction avec eux- mêmes et leur prétention à l'universel. On peut ajouter que le mot « réunion » donne à cette association une dimension positive qu'il appartient aussi à la souveraineté nationale de garantir et de préserver.
- **Article 4** : À la **définition** négative **de la liberté** de la première Déclaration, la seconde en substitue une **positive** : il ne s'agit plus de pouvoir faire « tout ce qui ne nuit pas à autrui », mais de lui « rendre tout ce qui lui appartient. » C'est pourquoi, Olympe de Gouges associe la liberté à la justice en instaurant

un couple tout à fait révolutionnaire. Cette nouveauté s'explique bien sûr par la suite de l'article où il n'est plus question d'un équilibre entre les droits des différents individus, mais de « réform[er] » les bornes afin que l'exercice de leurs droits naturels par les femmes ne soit plus soumis à la « tyrannie perpétuelle » des hommes.

La liberté n'est donc **plus un principe abstrait**, acquis, à préserver, **mais une conquête à faire** par les femmes afin que, véritablement, « chaque homme », au sens générique, jouisse de la plénitude de ses droits.

- **Article 5 :** Comme dans l'article précédent, l'auteure remplace « la Loi » par « les lois de la nature et de la raison ». Il s'agit là d'une transformation radicale qui ne supprime pas la première Déclaration mais la complète. La Loi, ce principe abstrait, est en effet au cœur de la Révolution philosophique, c'est précisément son caractère universel et rationnel qui fait son autorité, mais garantit aussi la vraie liberté des citoyens qui lui obéissent. Pour Olympe de Gouges cependant, cette Loi abstraite peut s'accommoder d'une atteinte aux droits de la femme, c'est pourquoi, sans la remettre en question, il convient d'examiner la réalité des situations à la lumière des « lois de la nature et de la raison », c'est-à-dire de la **déclinaison de ce principe dans les situations pratiques** de la vie d'une société. Ces lois sont aussi qualifiées de « sages et divines », car, ce qui assure leur autorité est tout à la fois d'être conformes à la nature, à la raison et à la volonté divine. Ces trois garants s'articulent d'ailleurs dans la pensée des Lumières car la nature, créée par un Dieu rationnel, obéit à des lois que la raison scientifique peut connaître. Peut-être ici pourrait-on dire que la référence à Dieu, venant ensuite, semble lui donner une forme de prééminence. Le changement de terme introduit cependant encore une fois une véritable révolution par rapport à la première Déclaration. En effet, l'article initial précisait que la loi ne pouvait défendre que « les actions nuisibles à la Société », il entendait donc limiter l'action de la loi en l'enfermant dans les bornes de l'utilité générale ; en revanche, dans le deuxième texte, on a plutôt affaire à un constat qu'à une injonction de limitation : les lois de la nature défendent toutes les actions nuisibles, c'est leur objectif clairement posé. La conséquence peut s'apprécier sur un plan pratique, celui qu'envisage Olympe de Gouges, quand ces lois concerneront par exemple la question de la filiation. Dans ce domaine, le modèle naturel devra être conçu comme une garantie pour la société, autrement dit, la reconnaissance des enfants naturels ne peut être qu'un bien pour ladite société. Ce point sera abordé à l'article 11.

- **Article 6** : En transformant l'énoncé initial d'inspiration rousseauiste « La Loi est l'expression de la volonté générale » en « doit être l'expression », Olympe de Gouges rappelle qu'elle ne l'est pas encore puisque les femmes ne sont pas des citoyennes actives, d'où la correction des lignes suivantes « toutes les citoyennes et tous les citoyens ». Pour le devenir, **elles devront toutes également participer à l'élaboration des lois** en tant qu'électrices ou de représentantes de la Nation. Elles devront par ailleurs avoir accès, comme les hommes, à « toutes dignités, places et emplois publics ». La traduction d'Olympe de Gouges, une fois encore, fait éclater la mensongère prétention à l'universalité de la *Déclaration des droits de l'homme et du citoyen dont* le masculin n'a pas encore une authentique valeur générique. Elle pointe les contradictions du texte en rappelant qu'aux termes de l'article premier, tous les Citoyens sont égaux aux yeux de la Loi et que, vu cette égalité, censée englober les deux sexes, il n'y a pas de raison de réserver les emplois publics aux hommes
- **Article 7** : Olympe de Gouges réécrit complètement cet article. Il ne s'agit pas cependant de remettre en question les acquis capitaux qui y étaient exposés, mais de rappeler que les femmes, elles aussi, sont soumises à la rigueur des lois. La formulation adoptée présente d'ailleurs plus un constat qu'un précepte, il s'agit davantage ici de rappeler que les femmes sont considérées comme responsables pénalement. Nous verrons l'importance de ce rappel à l'article 10.
- **Article 8** : L'objectif est ici le même sans qu'il soit besoin de réécrire l'article. Le simple ajout du complément final « aux femmes » en modifie le sens. Au lieu de poser la non-rétroactivité des lois, le texte souligne que **les femmes peuvent aussi être punies par la Loi**.

- **Article 9** : La réécriture complète de cet article peut sembler plus surprenante au premier abord. On a en effet l'impression que les principes très positifs qui étaient posés, présomption d'innocence et interdiction d'une violence inutile, ont disparu pour laisser la place à une invitation contraire à la « rigueur ». Dans le premier cas, il s'agissait de faire réprimer par la Loi toute rigueur inutile, dans le second au contraire de faire en sorte que « toute rigueur [soit] exercée par la Loi. » Le sens, ou la connotation, du mot rigueur change cependant d'une formulation à l'autre : elle est synonyme de violence indue au départ, puis comprise comme la qualité nécessaire de la Loi qui doit s'exprimer dans toute sa rigueur. Le texte parle ici du cas des femmes, qui ne doivent pas bénéficier d'un quelconque traitement de faveur. Telle est l'idée essentielle rappelée pour la troisième fois avant que l'article suivant ne l'éclaire.
- **Article 10** : Cet article poursuit le précédent en prévoyant le cas extrême de la peine de mort. Sa formulation célèbre, qui est entrée dans l'Histoire : « la femme a le droit de monter sur l'échafaud ; elle doit avoir également celui de monter à la tribune », explique clairement l'objectif des trois articles précédents. **Si la femme veut** jouir de tous ses droits civiques, **être reconnue comme citoyenne active, elle doit aussi accepter d'être traitée comme une égale sur le plan pénal**, y compris dans le cas extrême de la peine de mort. Cette formulation s'avère aussi très habile dans la mesure où elle s'apparente à un argument : puisque les femmes ont d'ores et déjà été condamnées, voire exécutées, par le nouveau pouvoir, ce dernier doit, sous peine d'être une fois encore en contradiction avec ses principes, leur accorder une réelle responsabilité en politique. Ce décalage entre responsabilité pénale et citoyenneté active est encore de nos jours un argument, par exemple pour les partisans de la réduction de l'âge de la majorité politique. La transformation opérée change aussi la fin du texte puisqu'il y est désormais question des « manifestations » de la femme seulement, qui pourraient troubler l'ordre public. Selon un principe contractuel analogue donc, les femmes peuvent avoir les opinions qu'elles souhaitent, mais à la condition de respecter l'ordre public.

- **Article 11** : La reformulation du cœur de cet article en modifie complètement l'objectif et la portée. L'affirmation de la liberté d'expression ne débouche plus en effet sur la liberté d'impression, particulièrement la liberté de la presse, capitale aux yeux des Constituants pour en finir avec la censure royale et le privilège d'édition d'Ancien Régime. Ces applications, bien évidemment, l'auteure ne saurait les remettre en question alors qu'elle s'est toujours battue pour les faire appliquer et a multiplié, plus que tout autre, des publications diverses par toutes les voies possibles. Mais elle choisit cet article pour **aborder la question bien particulière du sort des femmes et des enfants sous l'Ancien Régime**. Il faut en effet avoir présent à l'esprit que, pour elle, les domaines politique et privé ne se conçoivent pas comme séparés. Ce qui est en jeu, c'est le droit pour une « Citoyenne » - c'est le mot qu'elle choisit à dessein ici car ce statut politique implique une égalité avec le père de l'enfant-de « dire librement » à l'homme responsable qu'il est le père de son enfant, sans être forcée de « dissimuler la vérité ». Cette exigence renvoie bien sûr à l'histoire même de Marie Gouze, fille illégitime du marquis Le Franc de Pompignan. Malgré ses tentatives auprès de son père, malgré les liens qui l'unissent un moment à son demi- frère, Olympe de Gouges ne parviendra jamais à obtenir la reconnaissance du marquis ni même une aide pour sa mère. Mais il y a longtemps que cette revendication personnelle s'est transformée pour elle en revendication générale. Fière de son statut d'enfant naturel, elle n'a de cesse de combattre pour faire reconnaître les droits des femmes abandonnées et des enfants illégitimes. Il faut dire qu'à l'époque, leur nombre a augmenté dans des proportions considérables et ils ont retenu l'attention d'un Necker (qui estime leur nombre à 40 000 en 1787), d'un Diderot (qui voient en eux, paradoxalement, les enfants de l'avenir) ou d'un Robespierre (*Discours sur les droits et l'état des bâtards*)[1]. La fin du postambule tout comme le « Contrat social de l'homme et de la femme » que l'auteure présentera à la suite insistent aussi sur cette question de la reconnaissance des enfants illégitimes.

1. On pourra consulter des données statistiques et leur analyse sur le site https://books.openedition.org/pur/44727?lang=fr

- **Article 12** : Le changement de quelques mots dans la première phrase modifie complètement le sujet et le sens de l'article. Au lieu de traiter de la nécessité d'une « force publique », qui ne doit cependant pas être détournée au profit de ses dépositaires, Olympe de Gouges affirme que « la garantie des droits de la femme et de la Citoyenne » doit servir à « l'avantage de tous », et non à « l'utilité particulière » des femmes, particulièrement de celles qui en sont chargées. Il s'agit ici de souligner la nécessité de garantir ces droits, mais surtout le fait qu'ils sont d'une « utilité majeure » pour tous, entendons tous les Hommes et Citoyens, au sens universel de la première Déclaration. La portée des revendications « féminines » se révèle donc universelle, et même, pourrait-on dire, il ne s'agit pas à proprement parler de revendications « féminines », mais de revendications des droits des femmes pour le bien de tous. Cet article s'avère capital au sens où il redonne bien à la Déclaration d'Olympe de Gouges **une dimension universelle** et ne la cantonne **pas** à **une revendication uniquement féminine** ou catégorielle.
- **Article 13** : La « contribution commune », c'est-à-dire les impôts et corvées, devient « les contributions de la femme et de l'homme ». Il s'agit de rappeler ici que la femme, ou plutôt la Citoyenne, a les mêmes devoirs et donc, conséquence logique, qu'elle doit jouir du même droit d'accéder à tous les postes, « places, emplois, charges », qu'il s'agisse de reconnaissance sociale (« dignités ») ou de responsabilités pratiques (« industrie », au sens d'activité économique, professionnelle). Par ailleurs, le texte prévoit deux contributions pour rappeler que la propriété et l'administration des biens dans le couple sont réparties également.
- **Article 14** : Le début de la nouvelle rédaction ne pose pas de problème puisqu'elle se contente de traduire le masculin générique (et théorique) « les Citoyens » par « les Citoyennes et les Citoyens », précisant sans ambiguïté ainsi que les **femmes** sont bel et bien **actives dans l'élaboration de l'impôt**. La suite se révèle plus confuse car la fin du texte initial a été ajoutée au nouveau texte sans cohérence grammaticale ; le « de déterminer » convenait à l'origine comme le dernier infinitif d'une série de compléments de « droit », mais il ne se rattache plus à rien

dans la nouvelle rédaction. Entretemps en effet, les infinitifs précédents, « consentir librement » et « suivre l'emploi », ont été remplacés par un nouveau texte qui vise à préciser que les femmes ne peuvent exercer leur fonction de citoyennes dans le domaine fiscal qu'à la seule condition « d'un partage égal dans la fortune », mais aussi dans « l'administration publique ». Autrement dit, pour en faire d'authentiques contribuables, il faut d'abord les rendre **responsables du patrimoine familial à égalité avec les hommes en termes de propriété et de gestion**. Article intéressant donc en ce qu'il montre de nouveau que le statut effectif de citoyenne active implique **un nouveau statut de la femme dans sa vie familiale**. Les deux domaines sont étroitement dépendants. Le Code Napoléon se chargera à sa manière de la démontrer en ôtant aux femmes l'un et l'autre droit.

Cet intérêt pour l'organisation de la fiscalité, conçue à la fois comme solution à la crise financière et économique, mais aussi comme facteur de cohésion nationale malgré les Ordres, malgré les classes sociales, se retrouvait déjà dans les premiers textes de l'auteure, La *Lettre au peuple* (novembre 1788) et les *Remarques patriotiques* qui lui font suite (décembre 1788) où elle reprenait le projet[1] de caisse patriotique alimentée par un « impôt volontaire ». Cette conception continua à accompagner son action quand, après qu'une délégation de femmes ou filles d'artistes eurent apporté leurs bijoux à l'Assemblée nationale le 7 septembre 1789 en s'inspirant de son projet, bientôt suivies par bien d'autres, elle offrit le quart de son revenu à l'Assemblée.

- **Article 15**: La nouvelle rédaction remplace, en traduisant le terme, « la Société » par « La masse des femmes coalisée à celle des hommes », justifiant ainsi que les femmes doivent contribuer à l'impôt puisqu'elles constituent la moitié de la Société et que ce devoir leur donne en contrepartie le même droit qu'aux hommes de demander compte de leur contribution en contrôlant l'usage qui en est fait.

1. Projet exposé dans un ouvrage anonyme, *L'État libéré* qui proposait un moyen de rétablir les finances du royaume.

- **Article 16** : Olympe de Gouges ajoute à l'article initial une précision capitale : si une Constitution suppose la garantie des droits et la séparation des pouvoirs pour être digne de ce nom, elle est également frappée de nullité « si la majorité des individus qui composent la Nation n'a pas coopéré à sa rédaction », autrement dit, si elle n'est pas l'expression d'une majorité politique qui inclut les Citoyennes. L'usage du mot « individus » est ici particulièrement pensé puisqu'il abolit la distinction entre les sexes. Et de fait, si l'on s'en tient à la rédaction de la *Déclaration des droits de l'Homme*, elle ne connaît que des individus sans autre précision, elle sous-entend donc que **les femmes doivent coopérer à la rédaction de la Constitution**.
- **Article 17** : Le singulier « la propriété », dont nous avons dit le caractère général et philosophique inspiré de Locke, est transformé en un pluriel « les propriétés » qui replace la notion dans le monde réel et concret. Il s'agit bien ici d'affirmer que ce droit, théorique et abstrait, suppose que, dans les faits, **les propriétés** soient vraiment **réparties entre les hommes et les femmes**, célibataires ou en couple. De ce point de vue aussi, la loi ne devrait connaitre que des individus indifférenciés se voyant chacun reconnu un droit à la propriété. Ces propriétés sont qualifiées de « vrai patrimoine de la nature », ce qui garantit leur caractère inviolable et sacré et semble suggérer que les femmes y ont droit par nature, c'est-à-dire eu égard à leur place et à leur fonction dans la nature. Cette précision peut représenter un moyen de contrecarrer le discours naturaliste et médical qui assignait à la femme une position subalterne.

Les enjeux littéraires de l'œuvre

« Il faut que j'obtienne de vous une indulgence plénière pour toutes mes fautes qui sont plus graves que légères : fautes de français, fautes de construction, fautes de style, fautes de savoir, fautes d'intéresser, fautes d'esprit, fautes de génie… En effet, on ne m'a rien appris. Élevée dans un pays où l'on parle mal le français, je ne connais pas les principes, je ne sais rien. Je fais trophée de mon ignorance, je dicte avec mon âme, jamais avec mon esprit[1]. »

Jusqu'au bout en effet, Olympe de Gouges prétendra **faire primer le contenu de ses écrits**, ou plutôt l'intention vertueuse qui les anime sur leur qualité littéraire. Elle précise par ailleurs « **Le cachet naturel du génie est dans mes productions** » car elle se sent, ou se revendique volontiers, dans ce domaine, fille naturelle de Le Franc de Pompignan, héritière d'un don qu'elle a encore fait prospérer. Sans doute se serait-elle reconnue dans ce que Diderot écrivait en 1757 dans son article « Génie » de *L'Encyclopédie* : « Les règles et les lois du goût donneraient des entraves au *génie ;* il les brise pour voler au sublime, au pathétique, au grand. […] Le besoin d'exprimer les passions qui l'agitent, est continuellement gêné par la Grammaire et par l'usage : souvent l'idiome dans lequel il écrit se refuse à l'expression d'une image qui serait sublime dans un autre idiome. […] Enfin la force et l'abondance, je ne sais quelle rudesse, l'irrégularité, le sublime, le pathétique, voilà dans les arts le caractère du *génie ;* il ne touche pas faiblement, il ne plaît pas sans étonner, il étonne encore par ses fautes. »

1. *L'Homme généreux*, préface, *op. cit.*, p. VI.

Une écriture théâtrale

Il faut insister en commençant sur l'importance du modèle théâtral chez Olympe de Gouges qui a été largement formée aux Lettres par la lecture des grandes pièces classiques du répertoire. Son goût pour le théâtre se confirme lorsqu'elle entretient à grand prix un théâtre de société, comme on les appelait à l'époque, et une troupe qu'elle fait jouer en privé. Elle est fidèle en cela à la mode du temps et usera bien de l'énergie pour parvenir à faire jouer quelques-unes des très nombreuses pièces qu'elle a composées[1].

Durant la Révolution, les salles de spectacle ne désemplissaient pas et le public était avide de spectacles sur les sujets d'actualité, d'où une production de pièces de propagande écrites à la hâte et dont les qualités littéraires plus que discutables expliquent qu'elles soient largement tombées dans l'oubli. Même quand elle ne compose plus de pièce, Olympe de Gouges continue à être **inspirée par le genre dramatique** et le style tout à la fois ampoulé et vindicatif que peut prendre la production de l'époque. Faiblesses d'autant plus marquées qu'**elle compose ses pièces très vite**. Elle se vante ainsi d'avoir dicté en quatre jours à trois secrétaires son spectacle sur Dumouriez et avait déjà proposé à Beaumarchais une sorte de duel de dramaturges dans lequel elle se faisait fort de « composer en présence de tout Paris, assemblé s'il se peut dans un même lieu, une pièce de théâtre sur tel sujet qu'on voudra <lui> donner… »

Olympe de Gouges n'écrivait pas directement, comme la plupart de ses contemporains, mais **dictait à des secrétaires**. « Élevée dans un pays où l'on parle fort mal sa langue, et ne l'ayant jamais apprise par principes[2], il est étonnant que ma diction ne soit pas encore plus défectueuse. »

De fait, son style conservera toujours **une dimension volontiers orale**, voire certains traits familiers ou inspirés de la langue occitane dont elle devait user régulièrement, du moins dans sa jeunesse. On peut ainsi relever dans le préambule l'utilisation du

1. Olivier Blanc n'en compte pas moins de 44 dans sa bibliographie. *Op. cit.*, p. 242.
2. C'est-à-dire en apprenant les règles de la langue en théorie.

verbe familier « fagoter » qui signifie métaphoriquement composer à la hâte et n'importe comment. Elle est influencée par ailleurs, et sans doute inconsciemment, par les pièces classiques dont elle s'est nourrie. L'héroïsme s'y affiche en formules puissantes comme chez un Corneille. On retrouvera cette dimension dans bon nombre de ses écrits.

Les apostrophes dont elle use dans le préambule et le postambule ne peuvent jouer dans l'argumentation le rôle capital que nous avons montré que par la force de leur formulation. Elles débutent brutalement le texte **à la manière d'une ouverture théâtrale** où un personnage s'adresserait à un autre sans que le spectateur puisse déterminer a priori ce qui motive cette question ou plutôt cette sommation. Cette première phrase est encore renforcée par celle qui suit et qui en est comme une transposition soulignant l'antithèse fondatrice : à « homme » correspond « femme ». Le texte se poursuit à la manière d'un véritable dialogue, faux dialogue en vérité où elle annule aussitôt les qualités dont aurait pu se targuer son interlocuteur grâce aux **questions rhétoriques** « qui t'a donné le souverain empire d'opprimer mon sexe ? ta force ? tes talents ? ». Il est aussi ponctué d'**impératifs** qui lui confèrent cette dimension orale et théâtrale : « Donne-moi », « Remonte ».

L'appel à la femme du postambule est rédigé selon des principes analogues et pourrait apparaître comme une réécriture des premiers vers de l'*Iphigénie* de Racine :

> « Oui, c'est Agamemnon, c'est ton roi qui t'éveille.
> Viens, reconnais la voix qui frappe ton oreille. »

La rhétorique

À l'époque encore, en tout cas dans un certain genre dramatique[1], le style théâtral emprunte largement à la rhétorique classique. Olympe de Gouges n'échappe pas à la règle.

1. Il faut évidemment envisager autrement des comédies comme celles de Marivaux puis de Beaumarchais ou les productions nouvelles du drame bourgeois qui développera un style qui se voudrait plus proche de la vie.

On retrouve à l'œuvre chez elle les **grands principes hérités d'Aristote** au premier rang desquels le recours au célèbre triptyque ***ethos, pathos et logos***, soit, en plus des arguments logiques disposés selon une progression étudiée (*logos*), le fait que l'orateur doit se présenter de façon à inspirer confiance à son auditoire par sa façon d'être (*ethos*) et le persuader en jouant sur ses émotions (*pathos*). On peut ajouter le souci d'une ***captatio benevolentiae*** initiale qui doit permettre de s'assurer la bienveillance de l'auditoire. On pourra cependant constater que, si l'écrivaine reprend bien ces principes, elle en fait **un usage pour le moins original** car reposant sur la **provocation systématique** renforcée par le style théâtral dont nous avons parlé. Ce trait d'écriture est une des marques de son style et, même si, dans ses premiers écrits, comme *la Lettre au peuple*, elle use de plus de réserve et de modestie en se mettant en scène, même si elle s'adresse à ses lecteurs avec plus de modération, on sent déjà affleurer ici ou là ce choix fondamental. Dans le préambule, elle ne se départit jamais d'un **ton supérieur**, pour ne pas dire condescendant, comme quand elle écrit par exemple « rends-toi à l'évidence quand je t'en offre les moyens », qu'on ne peut manquer d'entendre comme : « rends-toi puisque je suis assez généreuse pour accepter une reddition que j'ai rendue inévitable ». Même ton de défi dans les impératifs ou les questions oratoires du premier paragraphe. Encore prend-elle soin, dans le dernier paragraphe, de porter ses coups les plus rudes qui vont jusqu'à **l'injure et l'invective** (« Bizarre, aveugle, boursouflé de sciences et dégénéré [...] dans l'ignorance la plus crasse ») à la troisième personne. Elle ménage ainsi une certaine distance que n'aurait pas autorisée le maintien de l'adresse directe. À moins qu'il ne faille voir dans ce passage à la troisième personne au contraire le comble du mépris...

Sa présence en effet se décèle aussi à toutes les **marques du jugement ou de l'émotion** qui ponctuent ses textes. Le **lexique affectif**, toujours très présent, exprime ses sentiments, comme par exemple une forme d'indignation, voire de colère, dans son apostrophe initiale ou la conclusion, tandis que le lexique évaluatif porte ses jugements de valeurs comme sa célébration du « créateur dans sa sagesse » ou de « la nature dans toute sa grandeur ».

Elle est aussi présente dans le postambule, même si son adresse aux femmes, dynamique, ne se présente pas comme virulente. Il s'agit en effet de les réveiller, non pas de les défier ni de les heurter. On notera cependant qu'elle ne recourt jamais à la première personne du pluriel qu'on serait pourtant en droit d'attendre dans un souci de se concilier les lectrices en rappelant ce qu'elles ont en commun. Au contraire, elle se détache et **s'affirme à la première personne du singulier**, d'abord pour convaincre les autres, les rassurer, les exhorter, et elle finit seule, en championne de son sexe face à tous les hommes : « Si tenter de donner à mon sexe une consistance honorable et juste est considéré [...] comme tenter l'impossible, je laisse aux hommes à venir la gloire de traiter cette matière. » Elle avait déjà exprimé cette position plus haut en écrivant : « je n'ai qu'un moment pour les faire (les remarques), mais ce moment fixera l'attention de la postérité la plus reculée. » Sans doute faut-il mettre cette absence de modestie sur le compte du fait qu'elle poursuit malgré tout son duel avec les lecteurs masculins de ce postambule et que, pour ce qui concerne les lectrices, elle leur donne à voir un exemple particulièrement puissant de cette résistance à l'oppression qu'elle préconise et du courage en acte.

La construction des phrases

La syntaxe d'Olympe de Gouges, selon un procédé rhétorique habituel, **fait alterner phrases courtes et longues périodes**, c'est-à-dire phrases complexes et longues. Ainsi, au début du préambule, à deux questions nominales très brèves « ta force ? tes talents ? », succède une période plus ample où sont coordonnées deux principales à l'impératif, la première complétée par une relative et la seconde par une subordonnée conditionnelle beaucoup plus courte : « parcours la nature dans toute sa grandeur, dont tu sembles vouloir te rapprocher, et donne-moi, si tu l'oses, l'exemple de cet empire tyrannique.

Le rythme y joue un rôle de premier plan et varie, lui aussi, au cours du discours : tantôt **binaire**, tantôt **ternaire**, **croissant ou décroissant** selon l'effet à produire. Relevons par exemple dans le postambule ce binaire encore souligné par les homéotéleutes : « Un mépris plus marqué, un dédain plus signalé. » On peut noter un ternaire particulièrement expressif au début du postambule qui joue de surcroît sur l'alternance entre deux membres de phrase courts (le premier comporte 6 syllabes ; le dernier 7) et un élément central plus long (17 syllabes).

Le deuxième paragraphe du préambule offre, lui, un bel exemple de rythme progressif construit sur une succession de verbes à l'impératif (« Remonte… consulte… étudie… jette enfin… et rends-toi… ») : quatre membres de phrase en parataxe (6 syllabes puis 7, puis 7 et enfin 23) suivis d'un dernier membre coordonné (15 syllabes).

Les parallélismes

Olympe de Gouges écrit dans par exemple dans le postambule « Ce que la force leur avait ravi, la ruse leur a rendu. » où le second membre de phrase, plus court (on passe de 10 à 7 syllabes), donne l'impression de clôture.

Les figures de style

Elles doivent mettre en valeur la thèse, les arguments ou les exemples.

On peut relever celles qui participent à **l'amplification** comme **l'hyperbole** qu'on trouve dans les épithètes qualifiant l'homme : « bizarre, aveugle, boursouflé de sciences et dégénéré » ou la nature, « ce chef-d'œuvre immortel » ; même phénomène avec « le tocsin de la raison » qui se fait entendre dans « tout l'univers », et les expressions « elle voyait cent fortunes à ses pieds », l'« empire tyrannique » de l'homme ou « l'effroyable tableau » de la femme sous l'Ancien Régime. Ce vocabulaire n'est d'ailleurs pas totalement absent des articles de la *Déclaration* elle-même, quand elle parle de « la tyrannie perpétuelle que l'homme lui oppose » ou du « préjugé barbare » qui force la femme à taire la vérité sur l'identité du père de son enfant. Il est le signe manifeste que le détachement juridique attendu cède devant le scandale de certaines situations qui ne peuvent laisser l'auteure de marbre.

On trouve aussi **les figures d'insistance** comme **la répétition** donnant un effet d'accumulation : « bizarre, aveugle, boursouflé de sciences et dégénéré » (préambule) ou « ambassade, commandement, ministère, présidence, pontificat, cardinalat » (postambule). On peut aussi relever les onze impératifs qui se succèdent dans le préambule.

L'anaphore est aussi présente comme dans « tout était vicieux, tout était coupable » ou bien « Partout tu les trouveras confondus, partout ils coopèrent… », mais surtout dans la page où Olympe de Gouges décline toutes les situations où peut se trouver exposée la femme finalement abandonnée par son séducteur : « si elle a des enfants… s'il est riche… Si quelque engagement le lie à ses devoirs… S'il est marié… »

Olympe de Gouges recourt également aux **figures d'opposition** comme **l'antithèse,** par exemple entre « ce siècle de lumières et de sagacité » et « l'ignorance la plus crasse » qui suit.

On trouve également ce qu'elle baptise elle-même une « sorte d'antithèse » et qui apparaît aussi comme un **chiasme**, mais particulièrement recherché car il se combine avec un jeu sur les suffixes exprimant la virtualité ou la réalité d'un phénomène : « ce sexe autrefois méprisable et respecté, et depuis la Révolution, respectable et méprisé. » La combinaison de ces deux figures de style se révèle tout à fait expressive pour rendre compte du renversement paradoxal opéré par la Révolution dans la façon de juger les femmes.

Les images

Enfin, et ce sont sans doute les figures qu'elle affectionne par-dessus tout, les **comparaisons** et les **métaphores** abondent chez Olympe de Gouges. Ainsi, dit-elle de « la femme que l'homme achète » qu'elle est « comme l'esclave sur les côtes d'Afrique ». On fera observer qu'ici la comparaison n'a pas qu'une valeur expressive, elle permet à l'auteur d'aborder, fût-ce incidemment, un autre sujet qui lui tient particulièrement à cœur. La Déclaration des droits fondamentaux, liberté, égalité, n'a en effet pas de sens pour elle s'ils ne s'appliquent pas à tous les êtres humains, femmes ou noirs. Certaines images sont des expressions très usuelles dans le style rhétorique de l'époque comme « le flambeau de la vérité » dissipant « les nuages de la sottise et de l'usurpation » qui ouvre le postambule ou « les étendards de la philosophie ». Plus rare peut-être « le tocsin de la raison ».

La Déclaration des droits de la femme et de la citoyenne n'offre cependant pas d'exemples du goût de l'écrivaine pour des images parfois discutables qu'on trouve dans d'autres textes et qui lui furent reprochées, souvent avec beaucoup de mauvaise foi pour dissimuler les véritables raisons d'attaques sur le fond des sujets. Ainsi d'un de ses textes politiques, la *Grande Éclipse du Soleil Jacobiniste et de la Lune Feuillantine* d'avril 1792, un texte « dédié à la terre », où elle annonce, à juste titre, avec la sûreté d'une astronome (et non la fantaisie d'une astrologue) que « Le Soleil va se précipiter sur la Lune Feuillantine… », ou de son expression « Ouvrez-nous la barrière de l'honneur, et nous vous montrerons le chemin de toutes les vertus[1]. »

Les registres

Olympe de Gouges joue aussi sur les différents registres du texte, tour à tour **polémique** comme au début du préambule dont tous les procédés d'écriture, nous l'avons vu, font une véritable attaque ou un assaut en termes d'escrime, **didactique** dans le deuxième paragraphe du même texte, **pathétique** quand elle peint le tableau de la femme abandonnée par le séducteur, sans ressources et livrée au mépris général dans le postambule. Alors abondent les épithètes suscitant la pitié pour les « nobles victimes », comme cette « infortunée » devenue « pauvre et vieille », cette « jeune personne sans expérience » prête à croire le premier venu. L'influence de la littérature, romans libertins ou mélodrames, se fait ici sentir. Le séducteur en effet, possède, lui, tous les traits du vil suborneur de ces fictions ; il est « l'ingrat », à l'« inconstance… inhumaine ».

1. Pour la réponse critique et ironique des Jacobins parue dans les *Révolutions de Paris* voir M. Faucheux, *op. cit.*, p. 159.

Pastiche et parodie

Ces deux termes, parfois confondus, ne sont pourtant pas identiques mais la Déclaration d'Olympe de Gouges relève sans doute des deux.

Le pastiche se présente en effet comme une copie qui reprend en les soulignant les traits d'écriture d'un texte. En cela, il peut constituer un hommage (comme celui que Proust par exemple rend à Balzac ou à Flaubert dans ses *Pastiches*), mais aussi une prise de distance, pour ne pas dire un affranchissement (et, de fait, Proust va créer son propre style, un ton très particulier pour peindre par exemple les salons du faubourg Saint Germain que Balzac avant lui avait décrits). Telle est bien la fonction de la *Déclaration des droits de la femme et de la citoyenne* démarquant la *Déclaration des droits de l'homme et du citoyen*. Olympe de Gouges entend bien, dans sa reprise, rendre hommage à un texte dont elle reconnaît toute l'importance et la valeur, mais, en même temps, prendre ses distances avec lui et s'affranchir du despotisme masculin dont il est selon elle porteur. Le simple fait qu'à son tour, une femme s'empare du texte et le réaffirme en son nom représente une véritable prise de pouvoir, une illustration de la formule : « je prends mon droit ». La reprise du vocabulaire juridique des articles initiaux, voire de passages entiers, s'y trouve par ailleurs présentée de façon qu'un certain décalage s'y introduit comme nous l'avons montré plus haut dans l'analyse du texte.

Où se situe maintenant **la parodie** ? Il s'agit en l'occurrence d'un travestissement trivial et satirique. Il faudrait ici parler aussi de **burlesque** au sens littéraire, c'est-à-dire d'une présentation triviale d'un sujet noble. Le procédé a été utilisé depuis l'antiquité pour montrer des femmes prenant la place des hommes sur la scène politique. Ainsi, Aristophane, dans *L'Assemblée des femmes*, présente au public athénien du IVe siècle, des femmes porteuses de fausses barbes prenant la place des citoyens à l'*Ecclésia*. Plus près d'Olympe de Gouges, Marivaux reprend ce sujet dans

La Colonie[1] où, sur une île déserte, les femmes naufragées créent leur propre assemblée en élisant leurs propres représentantes pour contrebalancer le pouvoir des hommes. Dans ces deux cas cependant, l'auteur est un homme et, si les ridicules masculins n'y sont pas épargnés, les femmes s'y révèlent finalement naturellement, au sens propre, incapables d'exercer vraiment le pouvoir. Le burlesque chez Olympe de Gouges est d'un autre ordre et sa finalité bien sûr tout autre. Il repose sur le fait que, dans un certain nombre d'articles, le début du texte reprend les formulations juridiques et abstraites de la Déclaration initiale, mais dérive, vers des réalités triviales, si l'on ne donne pas à ces mots un sens péjoratif. Il ne s'agit plus en effet en « imitant » les hommes en politique, de faire la démonstration qu'on doit être cantonnée à l'espace domestique et aux tâches réputées féminines, mais, au contraire, de **démontrer que la noble tâche politique ne saurait se concevoir sans prendre en compte les réalités domestiques.** C'est donc un retournement complet de perspective qu'offre en cela le texte. Il va sans dire que les lecteurs de l'époque y virent au contraire la preuve qu'une femme ne pouvait guère s'affranchir des préoccupations triviales et ne pouvait que singer maladroitement les hommes en essayant de rédiger comme eux. **La parodie fut** aussi **interprétée comme une véritable provocation** de la part de son auteure qui avait voulu se moquer des prétentions masculines à rédiger un texte universel.

Le comique

Ce dernier n'est pas complètement absent. Il est vrai qu'en général la posture adoptée par Olympe de Gouges ressortit davantage au genre sérieux -pour reprendre une expression théâtrale du XVIIIe siècle-, mais il lui arrive de se laisser aller comme elle le confesse elle-même à la fin du projet de *Forme du contrat social entre l'homme et la femme* qui suit la *Déclaration* : « J'avais résolu et décidé de ne pas me permettre le plus petit mot pour rire dans cette production, mais le sort en a décidé autrement. » Et de narrer sur

1. Représentée pour la première fois en 1729, la pièce n'eut aucun succès et fut très vite retirée. Marivaux la modifiera et la publiera en 1750 dans *Le Mercure*.

le mode plaisant la mésaventure qui lui est arrivée avec un cocher et un commissaire de paix, sorte de fable, ou de *storytelling…*, sur la nécessité de remettre de l'ordre dans l'administration des transports parisiens. En règle générale, les éléments de comiques qui apparaissent ici et là dans le texte sont avant tout **mis au service de la polémique** et relèvent le plus souvent de **l'ironie**, voire du **persiflage** ou du sarcasme, par exemple au début du préambule.

Conclusion

L'histoire ne se répète pas, mais c'est justement pour cela qu'elle peut se révéler riche d'enseignement, à condition de bien analyser les caractéristiques propres d'une période et d'une œuvre dans cette période.

La Déclaration d'Olympe de Gouges conserve pourtant, ou a acquis, une portée universelle, précisément parce qu'elle interroge de l'intérieur la notion même d'universel et d'humanité. Elle ne remet pas en question la dimension universelle de la *Déclaration des droits de l'homme et du citoyen*. La postérité de cette dernière, son actualité criante surtout, suffiraient à nous en convaincre. Elle met en garde en revanche contre un détournement de l'universel au profit d'intérêts particuliers et affirme la nécessité de poser des droits concrets, pour que les droits abstraits existent dans les faits. Ces droits eux-mêmes exigent de prendre en considération la spécificité de certains acteurs, de certaines situations, de chercher parfois plutôt une égalité géométrique qu'arithmétique, égalité de rapport plus que numérique.

Ce texte nous apprend enfin, et ce n'est pas le moindre de ses enseignements, que reconnaître, identifier, analyser, une situation de dépendance, d'inégalité, d'injustice, n'implique pas de se poser en victime, mais, au contraire, en acteur, revendiquant une reconnaissance, mais affirmant ses droits, mais offrant de construire avec les autres un autre avenir. Car le texte d'Olympe de Gouges se veut universel, précisément parce qu'il ne se limite pas aux femmes ni ne s'adresse qu'à elles. Ni projet « genré », comme on dit de nos jours, ni revendication communautariste, la Déclaration est celle de tous les êtres « amphibies » ! L'égalité peut se déclarer dans les principes, mais elle doit se conquérir par l'action. Écrire et combattre sont les deux facettes d'une même médaille. En cela finalement le texte d'Olympe de Gouges demeure bien indissociable de sa vie.

À retenir en vue de l'examen

Les citations à connaître

Homme, es-tu capable d'être juste ? C'est une femme qui t'en fait la question ; tu ne lui ôteras pas du moins ce droit.

[...] cherche, fouille et distingue, si tu peux, les sexes dans l'administration de la nature. Partout tu les trouveras confondus, partout ils coopèrent avec un ensemble harmonieux à ce chef-d'œuvre immortel.

Bizarre, aveugle, boursouflé de sciences et dégénéré, dans ce siècle de lumières et de sagacité, dans l'ignorance la plus crasse, il veut commander en despote sur un sexe qui a reçu toutes les facultés intellectuelles [...]

Les mères, les filles, les sœurs, représentantes de la nation, demandent d'être constituées en Assemblée nationale.

Considérant que l'ignorance, l'oubli ou le mépris des droits de la femme, sont les seules causes des malheurs publics et de la corruption des gouvernements [...]

[...] ont résolu d'exposer dans une déclaration solennelle, les droits naturels, inaliénables et sacrés de la femme...

[...] afin que les réclamations des citoyennes, fondées désormais sur des principes simples et incontestables, tournent toujours au maintien de la constitution, des bonnes mœurs, et au bonheur de tous.

[...] le sexe supérieur en beauté comme en courage, dans les souffrances maternelles.

ARTICLE PREMIER.

La Femme naît libre et demeure égale à l'homme en droits. Les distinctions sociales ne peuvent être fondées que sur l'utilité commune.

II.

Le but de toute association politique est la conservation des droits naturels et imprescriptibles de la Femme et de l'Homme : ces droits sont la liberté, la propriété, la sûreté, et surtout la résistance à l'oppression.

III.

La Nation, qui n'est que la réunion de la Femme et de l'Homme.

IV.

La liberté et la justice consistent à rendre tout ce qui appartient à autrui ; ainsi l'exercice des droits naturels de la femme n'a de bornes que la tyrannie perpétuelle que l'homme lui oppose [...]

VI.

[...] toutes les Citoyennes et tous les Citoyens, étant égaux à ses yeux, doivent être également admissibles à toutes dignités, places et emplois publics, selon leurs capacités, et sans autres distinctions que celles de leurs vertus et de leurs talents.

X.

[...] la femme a le droit de monter sur l'échafaud ; elle doit avoir également celui de monter à la Tribune.

XI.

Toute Citoyenne peut donc dire librement, je suis mère d'un enfant qui vous appartient, sans qu'un préjugé barbare la force à dissimuler la vérité [...]

XIII.

Pour l'entretien de la force publique, et pour les dépenses d'administration, les contributions de la femme et de l'homme sont égales ; [...] elle doit donc avoir de même part à la distribution des places, des emplois, des charges, des dignités et de l'industrie.

XIV.

Les Citoyennes ne peuvent y adhérer que par l'admission d'un partage égal, non-seulement dans la fortune, mais encore dans l'administration publique.

XVI.

[...] la constitution est nulle, si la majorité des individus qui composent la Nation, n'a pas coopéré à sa rédaction.

XVII.

Les propriétés sont à tous les sexes réunis ou séparés [...]

POSTAMBULE.

Femme, réveille-toi ; le tocsin de la raison se fait entendre dans tout l'univers ; reconnais tes droits.

L'homme esclave [...] a eu besoin de recourir aux tiennes pour briser ses fers. Devenu libre, il est devenu injuste envers sa compagne.

Ô femmes ! femmes, quand cesserez-vous d'être aveugles ? Quels sont les avantages que vous avez recueillis dans la révolution ? Un mépris plus marqué, un dédain plus signalé [...]

Opposez courageusement la force de la raison aux vaines prétentions de supériorité [...]

Quelles que soient les barrières que l'on vous oppose, il est en votre pouvoir de les affranchir ; vous n'avez qu'à le vouloir.

Le gouvernement français, surtout, a dépendu, pendant des siècles, de l'administration nocturne des femmes ce sexe autrefois méprisable et respecté, et depuis la révolution, respectable et méprisé.

Tout autre chemin à la fortune est fermé à la femme que l'homme achète, comme l'esclave sur les côtes d'Afrique.

Plus elle aura vieilli avec lui, plus son inconstance sera inhumaine ; si elle a des enfants, il l'abandonnera de même.

Quelles lois restent-il donc à faire pour extirper le vice jusques dans la racine ? Celle du partage des fortunes entre les hommes et les femmes, et de l'administration publique.

Le mariage est le tombeau de la confiance et de l'amour.

Le parcours associé : **« Écrire et combattre pour l’égalité »**

Présentation du parcours

Enjeux et thématiques, auteurs incontournables

Le parcours ne se limite pas à la question de l'égalité entre les hommes et les femmes, même si le texte de référence invite à l'envisager de manière privilégiée. L'intitulé pose aussi la question de la relation entre les deux verbes proposés qui sont coordonnés. S'agit-il d'envisager deux modes d'action différents, l'écriture d'un côté et, de l'autre, les actes ? Se pose alors la question de leur relation : peut-on écrire pour une cause sans s'engager effectivement par ses actes pour la défendre ? Le cas d'Olympe de Gouges est à ce titre emblématique. On peut aussi considérer qu'il s'agit de s'interroger sur ce qui fait d'un écrit une arme efficace dans le combat, en comprenant alors que les deux verbes, écrire et combattre, sont synonymes.

Le programme officiel s'étend du XVIe au XVIIIe siècle, mais le sujet trouverait bien sûr des illustrations dès l'Antiquité et surtout dans les siècles suivants et jusqu'à nos jours.

Sur l'égalité en général, l'idée d'un écrit de combat pour la promouvoir d'un point de vue social n'apparaît pas vraiment légitime avant le siècle des Lumières ou prend du moins un sens bien différent. L'organisation de la société d'ordres trouve en effet son fondement dans une représentation d'un monde hiérarchisé inspiré par la religion et qui ne saurait donc être vraiment remis en cause. L'inversion des du carnaval ne se révèle en ce sens que comme un hommage à l'ordre existant que l'on se contente de retourner rituellement une fois par an et pour un temps très limité.

Reste la question du droit des femmes qui prend, elle aussi, un sens bien différent de celui qu'affirme la Déclaration d'Olympe de Gouges, mais qui peut néanmoins être envisagée avec ses spécificités car elle a été posée très tôt.

On peut repartir des deux pièces exemplaires d'Aristophane, *Lysistrata* (411 av. J.-C.), et surtout *L'Assemblée des femmes* en 392 av. J.-C. Pour réagir contre le désintérêt que ses concitoyens montrent pour l'exercice de leurs droits politiques après la défaite d'Athènes lors de la guerre du Péloponnèse, Aristophane met en scène la prise du pouvoir des femmes qui remplacent les hommes à l'Assemblée. C'est pour lui l'occasion de donner une image satirique du comportement des citoyens dans les débats grâce à l'inversion des rôles. Cependant, les femmes ne se révèleront finalement pas plus sages en proposant une législation aux conséquences tout à la fois anti naturelles et ridicules : les jeunes hommes devant satisfaire les vieilles femmes avant de pouvoir aborder une jeune fille. Il ne s'agit donc en aucun cas de promouvoir une quelconque égalité des droits, mais d'utiliser les femmes comme révélateur des travers masculins et des dysfonctionnements de la démocratie. L'entreprise pacifiste de Lysistrata, concluant une alliance avec ses compagnes spartiates pour mettre fin au conflit par la grève du sexe, apparaît plus défendable aux yeux de l'auteur, mais privilégie néanmoins toujours la farce et une vision caricaturale de la femme.

En 1750, Marivaux imagine une reprise de *L'Assemblée des femmes*, transposée sur une île déserte, *La Colonie*. Les femmes naufragées décident d'y exiger les mêmes droits que leurs compagnons. L'intrigue est l'occasion d'aborder la question avec plus de subtilité et de nuance, malgré le ton général de la pièce et surtout son dénouement. En effet, à l'annonce (mensongère) de l'attaque des indigènes, les femmes refusent de prendre les armes et acceptent de renoncer à leurs revendications pour se mettre sous la protection des hommes. Entretemps cependant, la confrontation entre les deux représentantes des femmes, Arthénice et Madame Sorbin, issues d'ordres différents, permet à l'auteur de montrer comment les hommes peuvent diviser le mouvement des femmes en mettant en avant la question des privilèges aristocratiques et de l'inégalité de condition sociale entre noblesse et Tiers état.

Si l'on remonte à présent au Moyen-âge, on ne trouvera pas à proprement parler de revendication féminine à l'égalité des droits, mais on peut néanmoins s'intéresser aux quelques femmes auteures qui, à leur façon, ont bien écrit pour l'égalité, au sens d'une reconnaissance de leur statut d'authentiques écrivaines sur le même plan que les hommes. Se détache d'abord la figure de Christine de Pisan (vers 1364-1431). Veuve à vingt-cinq ans avec trois enfants, cette fille d'un astrologue vénitien venu à la cour de France, décide de gagner sa vie en homme, en composant nombre d'ouvrages didactiques, en prose ou en vers, ainsi que des textes lyriques à la cour de Charles VI et d'Isabeau de Bavières. Les derniers textes qu'elle écrit, après s'être retirée au couvent, le *Dictié* de la pucelle sur Jeanne d'Arc, et surtout « la Querelle du Roman de la Rose », peuvent être considérés comme les premiers manifestes féministes. Ils sont en effet pour elle l'occasion de dénoncer la haine des femmes et l'indécence des propos qui caractérisent le roman de Jean de Meung. Elle défend aussi l'honneur de ses compagnes présentées comme débauchées ou inconstantes.

À la Renaissance, Louise Labé (vers 1524-1566) incarne parfaitement la femme poétesse qui participe activement à l'activité mondaine et culturelle de Lyon, une métropole particulièrement importante à l'époque. La publication de ses œuvres en 1555, cinq ans après le succès de la Pléiade, constitue un événement littéraire majeur. On a voulu prêter à l'auteure une carrière de courtisane, en prenant ses textes pour une autobiographie, mais ces attaques de très mauvaise foi reflètent surtout le trouble de lecteurs confrontés au retournement délibéré que Louise Labé fait subir à la rhétorique amoureuse traditionnelle, en faisant de l'homme l'objet érotique dont on détaille les charmes. La femme apparaît en cela chez elle plus amante qu'aimée. Dans sa préface, elle avait dicté ce programme aux femmes : s'appliquer aux sciences et disciplines » réservées jusque-là aux hommes, et mettre « ses conceptions par écrit ». Elle ouvre ainsi la voie à la question de l'éducation des femmes.

Le XVIIe siècle traduira à son tour la question de la place de la femme de différentes manières. On y voit d'abord se développer les salons féminins avec la Préciosité. Cette dernière est liée à la progressive émancipation de la femme et se présente comme une réflexion sur les rapports entre les sexes. Les précieuses n'admettent pas que l'amour ne soit qu'une conquête égoïste ravalant la femme au rang d'objet. Elles refusent aussi le mariage avec ses servitudes naturelles et sociales. Ce qu'elles préconisent se révèle audacieux pour l'époque : le célibat pour préserver son indépendance, le mariage comme alliance librement consentie assurant l'égalité des partenaires. Toutes ces revendications furent surtout développées par une seconde génération de précieuses, plus bourgeoise et donc plus exposée à ces contraintes sociales. On peut s'appuyer sur deux figures particulièrement représentatives de ces salons, la marquise de Rambouillet qui régna sur Paris entre 1620 et 1648, puis, plus tard, de 1653 à 1661 environ, un salon moins brillant, plus bourgeois, plus sérieux aussi et plus intellectuel, celui de Mlle de Scudéry. Cette dernière s'illustra aussi comme auteure avec ses sommes romanesques, *Artamène ou le Grand Cyrus* (dix volumes de 1649 à 1653) et *Clélie, histoire romaine* (dix volumes de 1654 à 1660).

À leur exemple, se multiplièrent à Paris, puis en province, des « ruelles » ou « alcôves », chambres luxueuses où recevait la maîtresse de maison. C'est surtout de ces imitatrices que se moque Molière dans *Les Précieuses ridicules* (1659) et *Les Femmes savantes* (1672). Il ne reprendrait pas pour autant à son compte la ridicule tirade de Chrysalde qu'on pourrait résumer en deux vers :

> « Il n'est pas bien honnête, et pour beaucoup de causes
> Qu'une femme étudie et sache tant de choses. »

Sa première grande comédie au contraire, *L'École des femmes*, propose une dénonciation sans complaisance des prétentions d'Arnolphe dictant à la jeune Agnès qu'il a élevée, cloîtrée pour l'abêtir, les préceptes du mariage avec cette formule digne de l'antique :

> « Du côté de la barbe est la toute-puissance. »

Il faut faire une place à part pour Mme de La Fayette. En situant l'intrigue de son roman le plus célèbre, *La Princesse de Clèves*, à l'époque d'Henri II, elle choisit d'offrir au lecteur une vision légèrement décalée, mais qui renvoie très clairement à la cour de Louis XIV et à la situation de la femme à son époque. Les choix de son héroïne, surprenants au point d'en devenir scandaleux pour ses contemporains et de déclencher une nouvelle querelle du *Cid*, s'expliquent d'abord par l'éducation originale reçue de sa mère, Mme de Chartres. Pour préserver sa vertu, elle avoue donc à son mari son inclination pour Monsieur de Nemours, résiste à son amour et se retire du monde une fois devenue veuve. Cet itinéraire pourrait apparaître bien conventionnel, ce serait pourtant se méprendre que de ne pas y déceler une forme de revendication féminine, et non féministe, non dénuée d'un réel pouvoir subversif par rapport aux normes de l'époque. La vertu de l'héroïne s'y conçoit d'abord comme combat contre les passions au nom de la raison et de la morale certes dans une conception janséniste, mais aussi contre la Cour tout à la fois instigatrice de la « galanterie » qu'il faut néanmoins dissimuler pour préserver sa réputation. Dans les discours qu'elle tient, en particulier au Prince pour lui révéler son inclination pour Monsieur de Nemours, et à ce dernier pour le quitter à jamais après la mort de son époux, s'expriment tout particulièrement la grandeur et la lucidité du personnage sur les relations entre hommes et femmes. *La Princesse de Montpensier*, qui avait paru anonyme en 1662, témoignait déjà d'une telle liberté malgré sa moralité finale très convenue.

Mais, c'est bien sûr au siècle des Lumières, celui où se forma Olympe de Gouges, que le combat pour l'égalité entre les sexes se manifesta ouvertement. Même s'il est surtout le fait d'auteurs masculins, et peu nombreux, les œuvres qu'ils ont laissées ont conservé une force de conviction remarquable.

Montesquieu, dans *Les Lettres persanes* (1721) fait de la femme du sérail l'incarnation de l'aliénation comme du sultan celle du despotisme. Le jeu subtil d'échos entre la société française de la fin du règne de Louis XIV et de la Régence, et le monde persan invite à une analyse politique par le biais d'une réflexion sur la place de la femme. Les travestissements exotique et érotique bien dans le goût de l'époque, ne doivent pas masquer tout ce que les lettres comportent de réflexion fondamentale sur la nature et l'exercice du pouvoir, les ambiguïtés aussi de sa délégation avec le personnage de l'eunuque.

Diderot, dans le *Supplément au voyage de Bougainville* (1772), plaide à sa manière pour l'égalité des sexes. Il n'a cessé de plaindre le malheur de la condition féminine d'un siècle partagé entre libertinage et pruderie, deux versions d'une même aliénation. Dans *La Religieuse*, il dénonce les vœux forcés. Avec le modèle de Tahiti, il tente de réconcilier le plaisir des sens et la maternité. Si l'association de la femme à la fécondité peut sembler aujourd'hui bien peu révolutionnaire, il faut la comprendre comme un gage d'honneur, de richesse et d'indépendance réelle dans le modèle qu'il évoque. Ainsi s'explique l'opposition entre ses deux personnages emblématiques : Thia, la jeune Tahitienne qui, enrichie et honorée par une première grossesse, sera libre ensuite de mener sa vie, et Polly Baker, l'Anglaise mise au banc de la société et qui ne retrouve sa place qu'après qu'un de ses juges a consenti à l'épouser. Le livre illustre ainsi le mythe du bon sauvage en opposant une société qui vit en harmonie avec la nature et compense à sa façon l'inégalité des sexes avec la vieille société européenne hypocrite où l'on cache sa grossesse, où l'on tue ou abandonne ses enfants. Or, l'inégalité sociale ne doit pas aggraver l'inégalité naturelle. L'ouvrage par ailleurs, combat pour une autre forme d'égalité, entre les peuples cette fois. Dès le début, par la bouche du vieillard tahitien, il condamne la prétention de l'Européen à s'emparer du Tahitien, son frère, à s'approprier sa terre. L'égalité des droits ne suppose pas identité, elle est aussi fondée sur la reconnaissance de la relativité des coutumes et de la nécessité de se plier à celle du pays où l'on est. Les deux inégalités et les injustices quelles suscitent, se répondent donc selon un principe d'analogie.

Beaumarchais, dans sa trilogie, met lui aussi en scène la question du droit des femmes en dénonçant leur condition. Dans *Le Mariage de Figaro*, les histoires des différents personnages, les femmes en particulier, déjà mariée, en passe de l'être, ou qu'on n'a jamais voulu épouser, se répondent et ouvrent à la réflexion. Rosine, la jeune première du *Barbier de Séville*, est devenue la Comtesse mais, depuis son mariage, son mari la délaisse pour toutes les beautés des environs et voudrait user de son droit de cuissage sur Suzanne. Celle-ci va épouser Figaro, et Marceline, la duègne, recherche désespérément son fils perdu, fruit d'une liaison de jeunesse avec Bartolo qui n'a jamais voulu l'épouser.

La pièce se révèlera comme le triomphe des femmes, puisque c'est l'alliance entre la Comtesse et Suzanne, et leurs ruses, qui viendront à bout du comte, mais aussi de Figaro par certains côtés. Entretemps, Marceline aura retrouvé en lui son Emmanuel chéri et prononcé un réquisitoire sans appel contre l'égoïsme et l'hypocrisie des hommes.

Choderlos de Laclos, très engagé pour la reconnaissance d'un droit à l'éducation des femmes, propose dans *Les Liaisons dangereuses* (1781) le portrait d'une femme qui a, elle aussi, à sa manière, su s'affranchir de sa situation aliénée. La marquise de Merteuil, devenue veuve tôt, s'est entrainée pour acquérir un remarquable talent de dissimulation et tirer vengeance du sexe fort par son libertinage. La complicité, en réalité la rivalité, et bientôt le véritable duel, qui l'oppose au vicomte de Valmont, s'achèvera sans doute par sa chute, mais bien tard venue, quelque peu providentielle et qui ne rachète pas les ravages qu'elle aura causés. Ce génie du mal n'aurait cependant jamais eu l'occasion de naître ni de sévir sans le traitement insupportable que la société réserve aux femmes et dont témoignent les autres héroïnes du roman, Cécile, l'ingénue, qu'une éducation au couvent a abêtie, la présidente de Tourvel, aveuglée par la morale qu'on lui a imposée.

Il conviendrait de faire une place à part aux romancières des Lumières. Mme de Tencin montre dans ses livres comme les *Mémoires du comte de Comminge* (1735), l'amour comme un malheur pour la femme puisque la société lui en interdit la libre maîtrise, depuis les pères abusifs jusqu'aux époux tyranniques. Dans ses *Lettres d'une Péruvienne* (1747), Françoise de Graffigny relate l'expérience de Zilia, emmenée de force par les colonisateurs. La femme est pour elle naturellement douée pour le bonheur et la sincérité des sentiments, sans artifice et elle est victime d'une société d'hommes où règnent la fausseté et le préjugé. Mme de Riccoboni, elle aussi, dénonce la perfidie et l'inconstance des hommes. Dans les *Lettres de Mistriss Fanni Butlerd* (1757), c'est par le biais d'une confession très dépouillée, intériorisée que se traduit le sort de la femme.

On pourrait poursuivre au XIXe siècle avec George Sand qui réclame inlassablement l'obtention des droits civils, dont le divorce, qui feraient de la femme l'égale de l'homme. Même si ses positions ne sont pas les plus audacieuses et qu'elle refuse par exemple de se présenter à la députation malgré le souhait des saint-simoniennes beaucoup plus en pointe à l'époque, elle se révèle la plus efficace grâce à son talent de romancière. Elle milite en créant une revue puis un journal d'opposition, par ses lettres ouvertes ou ses brochures, mais surtout en créant des héroïnes pourvues « des meilleures qualités des deux sexes », courageuses, intelligentes, amoureuses, mais toujours indépendantes et fières. *La Petite Fadette* (1851) saura par exemple devenir l'égale de son futur mari, par son savoir, son intelligence, mais aussi financièrement. Son combat féministe ne se différencie pas de son combat social comme en atteste ce constat extrait d'*Isidora* (1845) : « le pauvre est femme, puisque l'enseignement, le développement, est refusé à son intelligence, et que le cœur seul vit en lui. »

Il semblerait étrange vu la postérité et la portée du texte d'Olympe de Gouges de ne pas s'intéresser à quelques grands textes plus actuels, autobiographies, comme celle de **Maya Angelou**, *Je sais pourquoi l'oiseau chante en cage* (1969), essais : **Virginia Woolf**, *Une chambre à soi* (1929), **Simone de Beauvoir**, *Le Deuxième Sexe* (1949), **Benoîte Groult**, *Ainsi soit-elle* (1975), **Élisabeth Badinter**, *L'un est l'autre* (1985), **Françoise Héritier**, *Masculin/féminin, La Pensée de la différence* (1996) ou romans : **Mariama Bâ**, *Une si longue lettre* (1979), **Margaret Atwood**, *La Servante écarlate* (1985), **Marie Ndiaye**, *Trois Femmes puissantes* (2009), **Djaïli Amadou Amal**, *Les Impatientes*, (2020, Goncourt des Lycéens). Cette courte liste est bien loin, cela va de soi, d'épuiser les références possibles sur le sujet.

Olympe de Gouges, nous l'avons vu, ne limite pas son combat pour l'égalité à la cause des femmes, elle entend faire appliquer la *Déclaration des droits de l'homme et du citoyen* de la manière la plus universelle qui soit et donc milite pour l'abolition de l'esclavage. Elle s'inscrit ainsi dans un mouvement illustré par de grands textes de dénonciation de la traite négrière, que l'on pourra mettre en relation avec le développement qu'elle lui consacre de façon très significative dans son projet de *Contrat social de l'homme et de la femme.* Montesquieu, avec « De l'esclavage des nègres » dans *L'Esprit des lois,* recourt à l'ironie en exposant les arguments d'un esclavagiste pour mieux en souligner le caractère ridicule et insupportable. Dans *Candide,* Voltaire fait rencontrer à son jeune héros naïf « Le nègre de Surinam » qui lui découvrira la cruauté de l'esclavage et du code noir. L'article « Traite des nègres » rédigé par le Chevalier de Jaucourt dans *L'Encyclopédie* propose, lui, un exemple de texte argumentatif tout comme la *Réflexion sur l'esclavage des nègres* de Condorcet.

Proposition de construction d'un parcours autour de l'œuvre

Révoltes de femmes

Sur la dénonciation du sort des femmes sous l'Ancien Régime, pour prolonger le tableau qu'en propose Olympe de Gouges, en particulier dans le postambule, on pourra étudier un certain nombre de textes de la même époque. Le monologue de Marceline dans *Le Mariage de Figaro* de Beaumarchais (1784) aurait pu être écrit par elle, tant il use d'images analogues et d'un ton aussi véhément mais aussi maîtrisé aussi. Outre qu'Olympe elle-même fut frappée par la pièce et ce passage en particulier au point de composer une suite, ce texte offre un écho direct du portrait de la femme séduite et abandonnée du postambule de la *Déclaration*. On a rencontré Marceline au premier acte, en train de manigancer avec Bartholo, avec qui elle eut dans sa prime jeunesse un enfant, qui ne l'a jamais épousée et qui la méprise ouvertement. Elle était alors un personnage de duègne ridicule dans son désir d'épouser Figaro qu'une dette non remboursée mettait à sa merci. Dans le troisième acte, son affaire vient en jugement au château, mais prend une tournure inattendue. Figaro se révèle en effet le fils perdu et, de ridicule, Marceline se métamorphose en mère touchante, mais surtout en porte-parole de toutes les femmes séduites et abandonnées.

Beaumarchais, *Le Mariage de Figaro*, acte III, scène XVI

LE COMTE, *allant de côté et d'autre;*
MARCELINE, BARTHOLO, FIGARO, BRID'OISON.

MARCELINE *s'assied.* —
Ah ! je respire.

FIGARO. —
Et moi, j'étouffe.

LE COMTE, *à part.* —
Au moins je suis vengé, cela soulage.

FIGARO, *à part.* —
Et ce Basile qui devait s'opposer au mariage de Marceline, voyez comme il revient ! — *(Au Comte qui sort.)* Monseigneur, vous nous quittez ?

LE COMTE. —
Tout est jugé.

FIGARO, *à Brid'oison.*
C'est ce gros enflé de conseiller…

BRID'OISON. —
Moi, gros-os enflé !

FIGARO. —
Sans doute. Et je ne l'épouserai pas : je suis gentilhomme une fois.

(Le Comte s'arrête.)

BARTHOLO. —
Vous l'épouserez.

FIGARO. —
Sans l'aveu de mes nobles parents ?

BARTHOLO. —
Nommez-les, montrez-les.

FIGARO. —
Qu'on me donne un peu de temps ; je suis bien près de les revoir : il y a quinze ans que je les cherche.

BARTHOLO. —
Le fat ! c'est quelque enfant trouvé !

FIGARO. —
Enfant perdu, docteur ; ou plutôt enfant volé.

LE COMTE *revient.* —
Volé, perdu, la preuve ? il crierait qu'on lui fait injure !

FIGARO. —
Monseigneur, quand les langes à dentelles, tapis brodés et joyaux d'or trouvés sur moi par les brigands n'indiqueraient pas ma haute naissance, la précaution qu'on avait prise de me faire des marques distinctives témoignerait assez combien j'étais un fils précieux : et cet hiéroglyphe à mon bras…

(Il veut se dépouiller le bras droit.)

MARCELINE, *se levant vivement.* —
Une spatule à ton bras droit ?

FIGARO. —
D'où savez-vous que je dois l'avoir ?

MARCELINE. —
Dieux ! c'est lui !

FIGARO. —
Oui, c'est moi.

BARTHOLO, *à Marceline.* —
Et qui ? lui ?

MARCELINE, *vivement.* —
C'est Emmanuel.

BARTHOLO, *à Figaro.* —
Tu fus enlevé par des Bohémiens ?

FIGARO, *exalté.* —
Tout près d'un château. Bon docteur, si vous me rendez à ma noble famille, mettez un prix à ce service ; des monceaux d'or n'arrêteront pas mes illustres parents...

BARTHOLO, *montrant Marceline.* —
Voilà ta mère.

FIGARO. —
... Nourrice ?

BARTHOLO. —
Ta propre mère.

LE COMTE. —
Sa mère !

FIGARO. —
Expliquez-vous.

MARCELINE, *montrant Bartholo.* —
Voilà ton père.

FIGARO, *désolé.* —
O o oh ! aïe de moi !

MARCELINE. —
Est-ce que la nature ne te l'a pas dit mille fois ?

FIGARO. —
Jamais.

LE COMTE, *à part.* —
Sa mère !

BRID'OISON. —
C'est clair, i-il ne l'épousera pas.

BARTHOLO. —
Ni moi non plus.

MARCELINE. —
Ni vous ! Et votre fils ? Vous m'aviez juré…

BARTHOLO. —
J'étais fou. Si pareils souvenirs engageaient, on serait tenu d'épouser tout le monde.

BRID'OISON. —
E-et si l'on y regardait de si près, pè-ersonne n'épouserait personne.

BARTHOLO. —
Des fautes si connues ! une jeunesse déplorable !

MARCELINE, *s'échauffant par degrés.* —
Oui, déplorable, et plus qu'on ne croit ! Je n'entends pas nier mes fautes, ce jour les a trop bien prouvées ! mais qu'il est dur de les expier après trente ans d'une vie modeste ! J'étais née, moi, pour être sage, et je le suis devenue sitôt qu'on m'a permis d'user de ma raison. Mais dans l'âge des illusions, de l'inexpérience et des besoins, où les séducteurs nous assiègent, pendant que la misère nous poignarde, que peut opposer une enfant à tant d'ennemis rassemblés ? Tel nous juge ici sévèrement, qui peut-être en sa vie a perdu dix infortunées !

FIGARO. —
Les plus coupables sont les moins généreux ; c'est la règle.

MARCELINE, *vivement.* —
Hommes plus qu'ingrats, qui flétrissez par le mépris les jouets de vos passions, vos victimes ! c'est vous qu'il faut punir des erreurs de notre jeunesse ; vous et vos magistrats, si vains du droit de nous juger, et qui nous laissent enlever, par leur coupable négligence, tout honnête moyen de

subsister. Est-il un seul état pour les malheureuses filles ? Elles avaient un droit naturel à toute la parure des femmes : on y laisse former mille ouvriers de l'autre sexe.

FIGARO, *en colère.* —
Ils font broder jusqu'aux soldats !

MARCELINE, *exaltée.* —
Dans les rangs même plus élevés, les femmes n'obtiennent de vous qu'une considération dérisoire : leurrées de respects apparents, dans une servitude réelle ; traitées en mineures pour nos biens, punies en majeures pour nos fautes ! Ah ! sous tous les aspects, votre conduite avec nous fait horreur ou pitié !

FIGARO. —
Elle a raison !

LE COMTE, *à part.* —
Que trop raison !

BRID'OISON. —
Elle a, mon-on Dieu, raison.

Supplément au voyage de Bougainville de Diderot

L'histoire de Polly Baker, dans le *Supplément au voyage de Bougainville* de Diderot, en propose une autre traduction. Il s'agit à l'origine d'une mystification de Benjamin Franklin, destinée à défendre les jeunes filles séduites. Elle parut en 1747 dans un journal londonien et connut un grand succès. Il n'est pas sûr que Diderot ait su qu'il s'agissait d'une mystification. Le court échange de répliques qui la suit semble le suggérer, mais, de toute façon, il est bien placé pour savoir que la fiction est souvent plus vraie que la réalité !

A. — Avant qu'il reprenne son discours, j'ai une prière à vous faire, c'est de me rappeler une aventure arrivée dans la nouvelle Angleterre.

B. — La voici. Une fille, Miss Polly Baker, devenue grosse pour la cinquième fois, fut traduite devant le tribunal de justice de Connecticut, près de Boston. La loi condamne toutes les personnes du sexe qui ne doivent le titre de mère qu'au libertinage à une amende ou à une punition corporelle, lorsqu'elles ne peuvent payer l'amende. Miss Polly en entrant dans la salle où les juges étaient assemblés, leur tint ce discours : « Permettez-moi, Messieurs, de vous adresser quelques mots. Je suis une fille malheureuse et pauvre, je n'ai pas le moyen de payer des avocats pour prendre ma défense, et je ne vous retiendrai pas longtemps. Je ne me flatte pas que dans la sentence que vous allez prononcer vous vous écartiez de la loi ; ce que j'ose espérer, c'est que vous daignerez implorer pour moi les bontés du gouvernement et obtenir qu'il me dispense de l'amende. Voici la cinquième fois, Messieurs, que je parais devant vous pour le même sujet ; deux fois j'ai payé des amendes onéreuses, deux fois j'ai subi une punition publique et honteuse parce que je n'ai pas été en état de payer. Cela peut être conforme à la loi, je ne le conteste point ; mais il y a quelquefois des lois injustes, et on les abroge, il y en a aussi de trop sévères, et la puissance législatrice peut dispenser de leur exécution. J'ose dire que celle qui me condamne est à la fois injuste en elle-même et trop sévère envers moi. Je n'ai jamais offensé personne dans le lieu où je vis, et je défie mes ennemis, si j'en ai quelques-uns, de pouvoir prouver que j'aie fait le moindre tort à un homme, à une femme, à un enfant. Permettez-moi d'oublier un moment que la loi existe, alors je ne conçois pas quel peut être mon crime ; j'ai mis cinq beaux enfants au monde, au péril de ma vie, je les ai nourris de mon lait, je les ai soutenus par mon travail, et j'aurais fait davantage pour eux, si je n'avais pas payé des amendes qui m'en ont ôté les moyens. Est-ce un crime d'augmenter les sujets de Sa Majesté dans une nouvelle contrée qui manque d'habitants ? Je n'ai enlevé aucun mari à sa femme, ni débauché aucun jeune homme ; jamais on ne m'a accusée de ces procédés coupables, et si quelqu'un se plaint de moi, ce ne peut être que le ministre à qui je n'ai point payé de droits de mariage. Mais est-ce ma faute ? J'en appelle à vous, Messieurs ; vous me supposez sûrement assez de bon sens pour être persuadés que je préférerais l'honorable état de femme à la condition honteuse dans laquelle j'ai vécu jusqu'à présent. J'ai toujours désiré et je désire encore de me marier, et je ne crains point de dire que j'aurais la bonne conduite, l'industrie et l'économie convenables à une femme, comme j'en ai la fécondité. Je défie qui que ce soit de dire que j'aie refusé de m'engager dans cet état. Je consentis à la première et seule proposition qui m'en ait été faite, j'étais vierge encore ; j'eus la simplicité de confier mon honneur à un homme qui n'en avait point, il me fit mon premier enfant et m'abandonna. Cet homme, vous le connaissez tous, il est actuellement magistrat comme vous et s'assied à vos côtés ; j'avais espéré qu'il paraîtrait aujourd'hui au tribunal et qu'il aurait intéressé votre pitié en ma faveur, en faveur d'une malheureuse qui ne l'est que par lui ; alors j'aurais été incapable de l'exposer à rougir en rappelant ce qui s'est passé entre nous. Ai-je tort de me plaindre aujourd'hui de l'injustice des lois ? La première cause de mes égarements, mon séducteur, est élevé au pouvoir et aux honneurs par ce même gouvernement qui punit mes malheurs par le fouet et par l'infamie. On me répondra que j'ai transgressé les préceptes de la religion ; si mon offense est contre Dieu, laissez-lui le soin de m'en punir ; vous m'avez déjà exclue de la communion de l'Église, cela ne suffit-il pas ? Pourquoi au supplice de l'enfer que vous croyez m'attendre dans l'autre monde ajoutez-vous dans celui-ci les amendes et le fouet ? Pardonnez, Messieurs, ces réflexions ; je ne suis point un théologien, mais j'ai peine à croire que ce me soit un grand crime d'avoir donné le jour à de beaux enfants que Dieu a doués d'âmes immortelles et qui l'adorent. Si vous faites des lois qui changent la nature des actions et en font des crimes, faites-en contre les célibataires dont le nombre augmente tous les jours, qui portent la séduction et l'opprobre dans les familles, qui trompent les jeunes filles comme je l'ai été, et qui les forcent à vivre dans l'état honteux dans lequel je vis au milieu d'une société qui les repousse et les méprise. Ce sont eux qui troublent la tranquillité publique ;

voilà des crimes qui méritent plus que le mien l'animadversion des lois. » Ce discours singulier produisit l'effet qu'en attendait Miss Baker; ses juges lui remirent l'amende et la peine qui en tient lieu. Son séducteur instruit de ce qui s'était passé, sentit le remords de sa première conduite, il voulut la réparer; deux jours après il épousa Miss Baker, et fit une honnête femme de celle dont cinq ans auparavant il avait fait une fille publique.

A. — Et ce n'est pas là un conte de votre invention?

B. — Non.

A. — J'en suis bien aise.

Ces plaidoyers, en forme de réquisitoires contre l'injustice des hommes, seront complétés par deux pages empruntés à la littérature épistolaire où deux femmes exposent leur moyen de combattre pour l'égalité.

Roxane, à la toute fin des *Lettres persanes* (1721), peut déclarer à son prétendu maître, Usbek, que, même prisonnière du sérail, elle est toujours demeurée libre. Son dernier acte, le suicide, achève, selon le modèle stoïcien que reprend Montesquieu, d'affirmer cette liberté, en privant son bourreau du droit de la mettre à mort.

LETTRE CLXI, ROXANE À USBEK

À Paris.

OUI, je t'ai trompé; j'ai séduit tes eunuques; je me suis jouée de ta jalousie; et j'ai su, de ton affreux sérail, faire un lieu de délices et de plaisirs.

Je vais mourir; le poison va couler dans mes veines: car que ferais-je ici, puisque le seul homme qui me retenait à la vie n'est plus? Je meurs; mais mon ombre s'envole bien accompagnée: je viens d'envoyer devant moi ces gardiens sacrilèges, qui ont répandu le plus beau sang du monde.

Comment as-tu pensé que je fusse assez crédule pour m'imaginer que je ne fusse dans le monde que pour adorer tes caprices? que, pendant que tu te permets tout, tu eusses le droit d'affliger tous mes désirs ? Non : j'ai pu vivre dans la servitude, mais j'ai toujours été libre : j'ai réformé tes lois sur celles de la nature ; et mon esprit s'est toujours tenu dans l'indépendance.

Tu devrais me rendre grâces encore du sacrifice que je t'ai fait ; de ce que je me suis abaissée jusqu'à te paraître fidèle ; de ce que j'ai lâchement gardé dans mon cœur ce que j'aurais dû faire paraître à toute la terre ; enfin de ce que j'ai profané la vertu en souffrant qu'on appelât de ce nom ma soumission à tes fantaisies.

Tu étais étonné de ne point trouver en moi les transports de l'amour : si tu m'avais bien connue, tu y aurais trouvé toute la violence de la haine.

Mais tu as eu longtemps l'avantage de croire qu'un cœur comme le mien t'était soumis. Nous étions tous deux heureux ; tu me croyais trompée, et je te trompais.

Ce langage, sans doute, te paraît nouveau. Serait-il possible qu'après t'avoir accablé de douleurs, je te forçasse encore d'admirer mon courage ? Mais c'en est fait, le poison me consume, ma force m'abandonne ; la plume me tombe des mains ; je sens affaiblir jusqu'à ma haine ; je me meurs.

Du sérail d'Ispahan, le 8 de la lune de Rébiab 1, 1720.

La force de cet adieu, son extrême concentration, et sans doute aussi le fait qu'il prive le sultan de sa prétention à demeurer maître de la jouissance de ses épouses, ne peuvent toutefois en faire oublier les tout derniers mots : « Je me meurs ». La liberté ou la mort est un cri qui résonne bien, mais laisse un goût amer. Vingt ans après, dans *Les Liaisons dangereuses* (1782) de Choderlos de Laclos, la marquise de Merteuil, dans la lettre 81, explique à son complice libertin, le vicomte de Valmont, comment, jeune veuve, elle a su s'affranchir des contraintes de la société et se ménager une vie de libertine en cultivant l'art de la dissimulation, de la comédie et de l'écriture. Elle choisit donc la vie, mais au prix de la vertu, au prix aussi du respect pour les autres femmes qu'elle a définitivement perdu. La libération de la femme ne semble décidément pas à l'ordre du jour !

Mais moi, qu'ai-je de commun avec ces femmes inconsidérées ? Quand m'avez-vous vue m'écarter des règles que je me suis prescrites et manquer à mes principes ? je dis mes principes, et je le dis à dessein : car ils ne sont pas, comme ceux des autres femmes, donnés au hasard, reçus sans examen et suivis par habitude ; ils sont le fruit de mes profondes réflexions ; je les ai créés, et je puis dire que je suis mon ouvrage.

Entrée dans le monde dans le temps où, fille encore, j'étais vouée par état au silence et à l'inaction, j'ai su en profiter pour observer et réfléchir. Tandis qu'on me croyait étourdie ou distraite, écoutant peu à la vérité les discours qu'on s'empressait de me tenir, je recueillais avec soin ceux qu'on cherchait à me cacher.

Cette utile curiosité, en servant à m'instruire, m'apprit encore à dissimuler : forcée souvent de cacher les objets de mon attention aux yeux qui m'entouraient, j'essayai de guider les miens à mon gré ; j'obtins dès lors de prendre à volonté ce regard distrait que depuis vous avez loué si souvent. Encouragée par ce premier succès, je tâchai de régler de même les divers mouvements de ma figure. Ressentais-je quelque chagrin, je m'étudiais à prendre l'air de la sécurité, même celui de la joie ; j'ai porté le zèle jusqu'à me causer des douleurs volontaires, pour chercher pendant ce temps l'expression du plaisir. Je me suis travaillée avec le même soin et plus de peine pour réprimer les symptômes d'une joie inattendue. C'est ainsi que j'ai su prendre sur ma physionomie cette puissance dont je vous ai vu quelquefois si étonné.

J'étais bien jeune encore, et presque sans intérêt : mais je n'avais à moi que ma pensée, et je m'indignais qu'on pût me la ravir ou me la surprendre contre ma volonté. Munie de ces premières armes, j'en essayai l'usage : non contente de ne plus me laisser pénétrer, je m'amusais à me montrer sous des formes différentes ; sûre de mes gestes, j'observais mes discours ; je réglais les uns et les autres, suivant les circonstances, ou même seulement suivant mes fantaisies : dès ce moment, ma façon de penser fut pour moi seule, et je ne montrai plus que celle qu'il m'était utile de laisser voir.

Ce travail sur moi-même avait fixé mon attention sur l'expression des figures et le caractère des physionomies ; et j'y gagnai ce coup d'œil pénétrant, auquel l'expérience m'a pourtant appris à ne pas me fier entièrement ; mais qui, en tout, m'a rarement trompée.

Tous ces textes cependant, aussi éloquents soient-ils, sont nés sous la plume d'écrivains. Leur engagement pour la reconnaissance du droit des femmes est éminemment respectable, mais on voudrait aussi donner la parole aux principales intéressées. Des extraits de romancières du siècle peuvent dialoguer avec une page tirée par exemple du *Mémoire de Madame de Valmont sur l'ingratitude et la cruauté de la famille des Flaucourt avec la sienne* d'Olympe de Gouges.

Amie de Prévost, Rousseau, Crébillon, Françoise de Graffigny montre la femme comme un être pur, sans artifice, naturellement douée pour les sentiments, mais victime d'une société régie par les hommes qui font dominer la fausseté et l'intérêt. Dans ses *Lettres d'une Péruvienne* (1747) qui connurent un énorme succès, elle fait parler Zilia, une jeune fille enlevée par les colonisateurs, et qui décrit, à la manière des Persans de Montesquieu, la société parisienne qu'elle découvre avec un regard neuf. Dans la lettre XXXIV, elle analyse la condition féminine.

Je ne sais quelles sont les suites de l'éducation qu'un père donne à son fils : je ne m'en suis pas informée. Mais je sais que du moment que les filles commencent à être capables de recevoir des instructions, on les enferme dans une maison religieuse, pour leur apprendre à vivre dans le monde ; que l'on confie le soin d'éclairer leur esprit à des personnes auxquelles on ferait peut-être un crime d'en avoir, et qui sont incapables de leur former le cœur qu'elles ne connaissent pas.

Les principes de la religion, si propres à servir de germe à toutes les vertus, ne sont appris que superficiellement et par mémoire. Les devoirs à l'égard de la divinité ne sont pas inspirés avec plus de méthode. Ils consistent dans de petites cérémonies d'un culte extérieur, exigées avec tant de sévérité, pratiquées avec tant d'ennui, que c'est le premier joug dont on se défait en entrant dans le monde, et si l'on en conserve encore quelques usages, à la manière dont on s'en acquitte, on croirait volontiers que ce n'est qu'une espèce de politesse que l'on rend par habitude à la divinité. [...]

Régler les mouvements du corps, arranger ceux du visage, composer l'extérieur, sont les points essentiels de l'éducation. C'est sur les attitudes plus ou moins gênantes de leurs filles que les parents se glorifient de les avoir bien élevées. [...]

Quand tu sauras qu'ici l'autorité est entièrement du côté des hommes, tu ne douteras pas, mon chez Aza, qu'ils ne soient responsables de tous les désordres de la société. Ceux qui, par une lâche indifférence, laissent suivre à leurs femmes le goût qui les perd, sans être les plus coupables, ne sont pas les moins dignes d'être méprisés; mais on ne fait pas assez d'attention à ceux qui, par l'exemple d'une conduite vicieuse et indécente, entraînent leurs femmes dans le dérèglement, ou par dépit ou par vengeance. Et en effet, mon cher Aza, comment ne seraient-elles pas révoltées contre l'injustice des lois qui tolèrent l'impunité des hommes, poussée au même excès que par leur autorité? Un mari, sans craindre aucune punition, peut avoir pour sa femme les manières les plus rebutantes, il peut dissiper en prodigalités, aussi criminelles qu'excessives, non seulement son bien, celui des enfants, mais même celui de la victime qu'il fait gémir par l'indigence, par une avarice pour les dépenses honnêtes, qui s'allie très communément ici avec la prodigalité. Il est autorisé à punir rigoureusement l'apparence d'une légère infidélité, en se livrant sans honte à toutes celles que le libertinage lui suggère. Enfin, mon cher Aza, il semble qu'en France les liens du mariage ne soient réciproques qu'au moment de la célébration, et que dans la suite les femmes seules y doivent être assujetties.

Je pense et je sens que ce serait les honorer beaucoup de les croire capables de conserver de l'amour pour leur mari, malgré l'indifférence et les dégoûts dont la plupart sont accablées. Mais qui peut résister au mépris?

Prolongements

Le film de **Patrice Leconte, *Ridicule*** (1996), propose un tableau romancé et suggestif de de la Cour à la veille de la Révolution. Les jeux d'esprit, légers en apparence, y cachent mal une cruauté terrible dont sera victime le jeune baron de Malavoy. On pourra surtout s'amuser à opposer Mme de Blayac qui règne sur son monde avec l'aide de son amant, le bien nommé abbé de Villecourt, et la jeune Mathilde, fille des Lumières, délurée et courageuse.

On peut aussi visionner l'adaptation des *Liaisons dangereuses* par Stephen Frears en 1988.

Le combat contre l'esclavage

Pour rester fidèle aux combats de l'auteure et travailler sur un autre exemple d'écriture pour l'égalité, on pourra étudier quelques grands textes de dénonciation de l'esclavage au XVIIIe siècle, que l'on mettra en relation avec le développement qu'elle lui consacre de façon très significative dans son projet de *Contrat social de l'homme et de la femme* : Montesquieu, « De l'esclavage des nègres » dans *L'Esprit des lois*, « Le nègre de Surinam » dans *Candide* de Voltaire, l'article « Traite des nègres » rédigé par le Chevalier de Jaucourt dans *L'Encyclopédie* et un extrait de Condorcet tiré de sa *Réflexion sur l'esclavage des nègres*.

La bande dessinée de François Bourgeon, *Le Bois d'ébène* (1984), cinquième épisode des *Passagers du vent*, donne une vision assez juste de la traite.

On pourra aussi visionner, *Amistad* (1997), le film de Steven Spielberg, qui s'inspire d'une authentique mutinerie d'esclaves.

À l'intersection des deux combats qu'Olympe de Gouges a si bien incarnés, on pourra travailler sur le *Portrait d'une négresse*, plus tard renommé *Portrait d'une femme noire* ou *Portrait de Madeleine*, tableau peint par Marie-Guillemine Benoist en 1800 et conservé au Musée d'Orsay. On en trouvera une présentation sur https://histoire-image.org/fr/etudes/portrait-femme-noire.

Entraînement et corrigés

Propositions de sujets

- En quoi La *Déclaration des droits de la femme et de la citoyenne* d'Olympe de Gouges est-elle représentative du siècle des Lumières ?
- Comment Olympe de Gouges utilise-t-elle toutes les ressources de l'écriture pour rendre efficace sa *Déclaration des droits de la femme et de la citoyenne* ?
- La *Déclaration des droits de la femme et de la citoyenne* d'Olympe de Gouges propose-t-elle un nouveau regard sur la politique ?
- La *Déclaration des droits de la femme et de la citoyenne* d'Olympe de Gouges pourrait-elle se concevoir sans le préambule et le postambule ?
- Qu'est-ce qui fait de La *Déclaration des droits de la femme et de la citoyenne* d'Olympe de Gouges un texte de combat ?
- L'égalité défendue par La *Déclaration des droits de la femme et de la citoyenne* d'Olympe de Gouges suppose-t-elle l'identité entre hommes et femmes ?
- « On a souvent qualifié le style d'Olympe de Gouges d'amphigourique, naïf ou maladroit. La simple lecture de sa Déclaration montre au contraire qu'elle savait parfois allier le génie des formules à l'audace de la pensée sans jamais négliger l'aspect concret, avec un sens de la minutie qui fait parfois sourire. »
- Souscrivez-vous à ce jugement de Benoîte Groult dans *Ainsi soit Olympe de Gouges* (p. 62-63) ?

Exemple de dissertation intégralement rédigée

La *Déclaration des droits de la femme et de la citoyenne* d'Olympe de Gouges est-elle une critique de la *Déclaration des droits de l'homme et du citoyen* ? »

Cette question qui appelle un plan dialectique, vise à vous permettre d'exposer l'originalité du texte d'Olympe de Gouges, texte critique, il est vrai, de la première Déclaration mais parce qu'elle ne va pas assez loin. Ce sont en particulier les mesures plus concrètes qu'elle propose qu'il conviendra de mettre en valeur pour finir. Pour faciliter la lecture du corrigé et attirer votre attention sur la nécessité d'un plan rigoureux, nous avons fait figurer les titres des parties et sous-parties de la dissertation, mais nous vous rappelons qu'ils ne doivent pas apparaître dans le devoir rédigé à l'examen.

Introduction

Lors de sa publication en septembre 1791, la *Déclaration des droits de la femme et de la citoyenne* passa largement inaperçue malgré la publicité qu'Olympe de Gouges voulut lui donner. Quand elle fut lue, on n'y vit qu'un pastiche, ou plutôt une parodie où l'auteure attaquait à sa manière le travail des Constituants. Pourtant, elle avait toujours soutenu la Constitution et la Déclaration qui l'ouvrait et son texte en reprend l'essentiel, cependant sa réécriture en offre bien une lecture critique mais expose aussi un véritable programme qui vise surtout à lui donner la portée universelle à laquelle elle prétend.

I. La Déclaration des droits de la femme et de la Citoyenne reprend l'essentiel du premier texte pour en réaffirmer les principes

Le texte d'Olympe de Gouge ne remet pas en question les acquis de la première Déclaration à qui elle reconnaît bien une valeur universelle, que ce soit sur le plan des droits de l'Homme ou du Citoyen. Il s'agit d'en finir avec l'Ancien Régime et d'inaugurer une ère nouvelle. Elle en reprend d'ailleurs largement l'essentiel, et mot pour mot. Le principe de la souveraineté nationale, de la loi, la protection de l'individu contre l'arbitraire ou l'abolition des privilèges, pour n'en citer que les principaux, constituent bien pour elle la base de la société à venir.

1. Reprise de la Déclaration quasiment à l'identique

En reprenant dans son texte la forme même adoptée par la première Déclaration, Olympe de Gouges reconnaît au premier texte une valeur de modèle. Elle respecte d'abord l'équilibre entre un préambule qui en affirme le principe et la dimension universelle et les dix-sept articles qui offrent un ensemble cohérent et concentré des droits « inaliénables et sacrés ». Pour l'essentiel, le nouveau texte ne fait que répéter mot pour mot l'ancien, en traduisant le terme générique Homme en ses deux composantes, l'homme et la femme. Ainsi à l'article 2, le texte devient-il « Le but de toute association politique est la conservation des droits naturels et imprescriptibles **de la femme et de l'homme**. »

2. Les droits de l'homme

Les droits des individus sont bien repris par Olympe de Gouges et ainsi réaffirmés. L'égalité tout d'abord puisque la fin des privilèges d'Ancien Régime est confirmée dans la reprise de l'article 6 qui fait de la loi la création de la volonté générale, la même pour tous les individus, tous également « admissibles à toutes dignités, places et emplois publics, selon leurs capacités, et sans autres distinctions que celles de leurs vertus et de leurs talents. » De même, l'égalité devant l'impôt se trouve aussi reprise à l'article 13.

Le texte reprend aussi tous les articles concernant la liberté, premier droit affirmé par la Déclaration et définie aux articles 4 et 5. La loi garantit la liberté par son caractère universel et rationnel qui la distingue des décisions arbitraires ayant cours par le passé comme les lettres de cachet. La Déclaration garantit ainsi pour chacun la sûreté, c'est-à-dire la protection contre arrestation et détention arbitraires. La présomption d'innocence et la non-rétroactivité de la loi pénale viennent compléter ces dispositions.

Cette liberté fondamentale se décline en libertés au pluriel comme la liberté de pensée ou d'expression. On peut imaginer à quel point ces dernières comptent aux yeux de l'auteure qui en a fait très tôt un usage très large auquel elle n'a jamais renoncé, y compris dans ses derniers moments. Enfin, les deux textes posent comme un droit « la résistance à l'oppression », c'est-à-dire le droit de résister à un gouvernement tyrannique qui mettrait en péril les droits universels.

3. Les droits du citoyen

Olympes de Gouges reprend aussi tout ce qui concerne les droits du Citoyen et pose les fondements d'un nouveau système politique. En premier lieu est affirmée que « toute souveraineté réside essentiellement dans la Nation ». La loi est la source exclusive du droit et tout citoyen appelé ou saisi en vertu de la loi est tenu d'obtempérer. Elle ne peut défendre que « les actions nuisibles à la société » (article 5). Elle est « l'expression de la volonté générale » d'après l'article 6, et « tous les citoyens ont droit de concourir personnellement ou par leurs représentants » à son élaboration. Le principe de la séparation des pouvoirs est repris dans l'article 16 comme fondement de la Constitution. Enfin, il convient de prévoir l'organisation d'une « force publique » destinée à faire appliquer la loi (article 13) et entretenue par une « contribution » volontaire qui permet aussi de régler les « dépenses d'administration ». Cette contribution doit respecter le principe de nécessité, d'égalité devant l'impôt et de consentement. Par ailleurs, les citoyens disposent d'un droit de contrôle (article 15).

II. Cependant, le nouveau texte apparaît bien par sa réécriture comme une critique de la première Déclaration

Cependant, la reprise quasiment à l'identique de l'original, et par une femme qui de fait se trouve exclue de la participation directe au débat politique, reléguée dans les tribunes de l'Assemblée ou uniquement autorisée à y présenter des pétitions, se révèle déjà en soi une prise de pouvoir et donc une remise en cause des hommes à qui elle emprunte leur discours et jusqu'à sa forme.

La réécriture subtile du préambule et des articles, plus ou moins étendue, permet en fait de proposer une lecture critique de la première Déclaration.

1. Les effets néfastes de la Révolution

Dès le préambule, Olympes de Gouges se livre à un constat sans appel grâce à une modification en apparence mineure : en écrivant que ce sont « l'ignorance, l'oubli ou le mépris des droits de la femme » et non plus « de l'Homme », elle donne bien, elle aussi, à son texte une portée universelle mais elle l'inscrit également dans le contexte de sa publication. Si elle l'écrit, c'est précisément parce que les représentants de la nation, ayant négligé les droits des femmes, ont causé « des malheurs publics » et la « corruption des gouvernements ». Ces derniers termes veulent renvoyer à la situation au moment de la publication.

Comme le rappelle la formule lapidaire du postambule, la femme « autrefois méprisable et respecté<e> » est devenue « depuis la Révolution, respectable et mépris é<e> ». En effet, en droits, elle a acquis un respect égal à celui des hommes, mais, dans la pratique, ses droits étant bafoués, elle se retrouve de fait méprisée. Les modifications apportées à un certain nombre d'articles reprennent cette idée. Ainsi, dès l'article 1 ; Olympe de Gouges affirme que « La femme naît libre et **demeure égale à l'homme en droits.** » Elle ne se contente donc pas de substituer au terme générique sa traduction genrée, mais elle pose la nécessité de préserver ces droits pour la femme, alors que le texte suggère que l'homme remet en question dans les faits cette égalité de principe. On peut aussi entendre la conclusion de l'article suivant dans un sens plus particulier : « la résistance à l'oppression » peut en effet y faire référence à l'oppression masculine qui remet en question la conservation des « droits naturels et imprescriptibles » des femmes. Cette idée se trouve confirmée et explicitée à l'article 4 quand elle déclare : « l'exercice des droits naturels de la femme n'a de bornes que la tyrannie perpétuelle que l'homme lui oppose. »

2. Des réalités en contradiction avec les principes

Le remplacement du terme générique « l'Homme » par « l'homme et la femme » fait voler en éclats sa prétention universaliste en révélant que, dans les faits, ces nouveaux droits ne concernent en réalité que les hommes. C'est évidemment d'abord et avant tout le cas en ce qui concerne les droits politiques puisque les femmes se trouvent reléguées au rang de citoyennes passives, c'est-à-dire, eu égard à ce qu'avance la Déclaration, pas citoyennes du tout. Dès lors, il apparaît clair que parler des droits du Citoyen revient bien en fait à parler des droits du citoyen, c'est-à-dire de l'homme citoyen. C'est pourquoi l'article 6 précise que « toutes les citoyennes et citoyens doivent concourir personnellement, ou par leurs représentants », à la formation de la loi et, plus loin, « toutes les citoyennes et tous les citoyens. [...] doivent être également admissibles à toutes dignités... » L'ordre de présentation, comme l'usage un peu étrange grammaticalement, dans la première occurrence, du féminin « Toutes » en facteur commun pour les noms féminin et masculin qui suivent, ne doivent rien au hasard et veulent mettre en avant la nécessaire prise en compte des femmes. Par ailleurs, si l'on doit préciser « doivent concourir », et non concourent, c'est qu'il s'agit de rappeler un principe que n'est pas respecté dans les faits. On trouve le même phénomène juste avant avec « la loi doit être l'expression de la volonté générale » et, plus loin, avec cette même loi qui « doit être la même pour tous ».

Le préambule avait au préalable bien exposé que dans la nature, on trouve partout les sexes « confondus » et qu'ils « coopèrent avec un ensemble harmonieux ». L'article 16 stipule que « la Constitution est nulle, si la majorité des individus qui composent la Nation n'a pas coopéré à sa rédaction. », et cette Nation avait été clairement définie au préalable à l'article 3, elle « n'est que la réunion de la femme et de l'homme », entendons elle ne saurait être autre chose.

Tous les articles réécrits sur la loi pénale s'expliquent par le dernier qui leur donne un sens. On commence en effet par rappeler de manière a priori étrange, ou paradoxale, que la femme doit être soumise à la loi comme l'homme. Ce principe prend même une tournure plus surprenante quand on affirme que « Toute femme étant déclarée coupable, toute rigueur est exercée par la loi » en semblant inviter à la sévérité. Cependant, l'article 10, dans sa formule célèbre « la femme a le droit de monter à l'échafaud ; elle doit avoir également celui de monter à la tribune », révèle l'objectif de l'auteure : rappeler que l'égalité devant la loi ne saurait être conçue différemment selon les domaines et que, dans la mesure où il les condamne, le gouvernement doit aussi accepter que les femmes soient des citoyennes actives. Droits et devoirs doivent donc s'équilibrer.

III. C'est moins finalement une critique de la première Déclaration que de son application encore trop limitée et qui doit être élargie par des mesures adaptées

Le texte d'Olympe de Gouges propose donc d'étendre véritablement les droits aux femmes, mais aussi de prendre en considération la réalité pratique des conditions d'exercice de ses droits.

1. L'ouverture d'un processus

Certains termes de la Déclaration le traduisent. Ainsi, dès le préambule, la valeur de référence du nouveau texte est affirmée par la reprise des mots de la première Déclaration, mais qui prennent un nouveau sens puisqu'il s'agit désormais spécifiquement des droits des femmes qui pourront être défendus : « afin que cette déclaration constamment présente à tous les membres du corps social, leur rappelle sans cesse leurs droits et leurs devoirs... » De même, à l'article 4, il est prévu de « réformer » les bornes que la tyrannie masculine met aux droits naturels des femmes.

La nouvelle définition de la liberté à l'article 4 se révèle, elle aussi, orientée vers l'action. À la précédente définition, négative, « consiste à pouvoir faire tout ce qui ne nuit pas à autrui », elle en substitue une positive en lui associant la justice : « La liberté et la justice consistent à rendre tout ce qui appartient à autrui ». Il s'agit bien de lutter désormais contre l'injustice et à redistribuer des droits confisqués.

Enfin, Olympe de Gouges inscrit aussi son texte entre préambule et postambule, respectivement adressés aux hommes et aux femmes, pour impulser un réel mouvement, pousser les uns et les autres à mettre les principes en pratique. Il s'agit d'abord de provoquer les premiers, en apostrophant chacun individuellement « Homme, es-tu capable d'être juste ? », en recourant au besoin à l'invective : « Bizarre, aveugle, boursouflé de sciences et dégénéré ». Il faut aussi mobiliser les femmes en faisant résonner « le tocsin de la raison », en leur rappelant le sort injuste qui était le leur, tout aussi injuste à présent et en leur offrant surtout un véritable argumentaire.

2. Les droits politiques

Par la réécriture des articles, se trouve affirmé le nécessaire équilibre entre droits et devoirs, nous l'avons vu, et donc le rappel que les femmes relèvent bien des deux. Du côté des devoirs, elles sont traitées sur le plan pénal comme les hommes, avec la même rigueur, et ce jusqu'à la peine de mort. Sur le plan fiscal, elles contribuent à égalité avec eux aux dépenses publiques et, bien sûr, elles sont tenues d'obéir à la loi. En contrepartie, elles doivent donc jouir des droits correspondants : voter de la loi, déterminer les contributions, accéder à tous les postes et même, participer à la force publique. Ce dernier point n'est pas précisé mais rien ne l'exclut a priori et Pauline Léon présentera à l'assemblée une pétition dans ce sens.

3. Un nouveau statut pour la femme

Mais c'est surtout dans le domaine privé et dans les relations entre hommes et femmes que la Déclaration d'Olympe de Gouges se révèle particulièrement originale. La formulation adoptée dans le préambule est déjà révélatrice à ce titre : « Les mères, les filles, les sœurs » désignent les femmes en l'absence d'une référence aux hommes, par elles-mêmes, mais aussi dans leur réalité concrète, si l'on peut dire. À vrai dire, on ne saurait pour l'auteure séparer les domaines politique et privé. L'accession de la femme au statut de citoyenne active suppose que ses conditions de vie changent du tout au tout, connaissent une véritable révolution.

C'est d'abord l'inégalité qui prévaut dans les relations entre hommes et femmes qui explique l'inégalité politique, c'est donc d'abord à elle qu'il convient de s'attaquer. Il faut ainsi affirmer un partage égal des « propriétés », le pluriel a remplacé le singulier abstrait et c'est un nouveau régime matrimonial que vise le texte. « Les propriétés sont à tous les sexes réunis ou séparés ». En effet, pour « adhérer à la contribution publique, il faut « l'admission d'un partage égal, non seulement dans la fortune, mais encore dans l'administration publique ». Le postambule réaffirmera la nécessité de cette réforme : « Quelles lois reste-t-il à faire pour extirper le vice jusque dans la racine ? Celle du partage des fortunes entre les hommes et les femmes, et de l'administration publique. » On voit ici comment s'articulent chez Olympe de Gouges les domaines politique et privé : c'est parce qu'elles entendent participer activement par leur contribution, que les femmes doivent être propriétaires de leurs biens, participer activement en fait donc automatiquement des citoyennes et, puisqu'elles votent les impôts, elles doivent aussi les payer de leur argent et non pas par l'intermédiaire d'un mari qui gère les biens familiaux.

L'autre grand domaine où s'exprime la nécessité d'un changement radical de statut est la question des enfants. Le postambule y reviendra longuement en exposant le sort injuste des jeunes filles séduites et abandonnées, incapables de faire reconnaître les enfants par les pères et réduites à l'indigence et au mépris public. Dans la Déclaration, c'est l'article 11 sur la liberté d'expression qui prend une tournure tout à fait particulière. Elle devient « un des droits les plus précieux de la femme » car elle « assure la légitimité des pères envers les enfants. » En effet, pour une femme, user de son droit d'expression, de façon très concrète, c'est pouvoir « dire librement « je suis mère d'un enfant qui vous appartient. » Impossible dès lors pour le père de fuir ses responsabilités. L'usage du discours direct et de la première personne du singulier donne à la rédaction de l'article une grande force réaliste qui vient rompre avec le ton juridique qui prévalait jusque-là. Une fois encore, c'est un droit politique, inaliénable, celui que pose la Déclaration des droits de l'Homme qui permet un changement de statut révolutionnaire pour la femme. Le projet de contrat « social de l'homme et de la femme », qui emprunte son titre à Rousseau pour mieux dénoncer chez cet auteur son exclusion de la femme de son contrat politique, viendra donner une traduction plus précise de ces nouvelles relations entre les sexes.

Conclusion

La lecture actuelle de la Déclaration d'Olympe de Gouges, dans un contexte tout à fait différent, le préambule et le postambule, particulièrement polémiques, ainsi que la fin tragique de l'auteure poussent à y voir surtout un texte critique de revendication. Il l'est, incontestablement, nous l'avons montré, mais il ne faudrait pas pour autant oublier qu'elle ne veut pas en finir avec le modèle, mais au contraire lui donner toute sa force. D'un point de vue proprement linguistique, son texte montre surtout combien le terme générique abstrait, celui des principes justement, une fois décliné dans les deux genres, agit comme un révélateur des réalités. En ce sens, le travail opéré dépasse de loin une simple adaptation, il constitue un outil d'analyse remarquable des conditions de vie réelles. Enfin, et ce n'est pas le moindre de ses mérites, la Déclaration envisage des solutions tout à fait concrètes, précises, qui se révèlent d'authentiques leviers pour faire évoluer les situations et, à terme les mentalités. On comprend mieux dans ces conditions le long oubli dans lequel la Déclaration fut tenue. Quant aux avancées tout de même significatives que la Révolution avait permises dans la situation des femmes, mais aussi de leurs enfants, par des lois qui répondaient au souhait d'Olympe de Gouges, leur efficacité est amplement prouvée par la rapidité avec laquelle Napoléon se hâta de les enterrer dans son code pour quelques siècles.

Exemple de commentaire de texte à l'oral

Beaumarchais, *Le Mariage de Figaro*, acte III, scène 16

BARTHOLO. —
Des fautes si connues ! une jeunesse déplorable.

MARCELINE, *s'échauffant par degrés.* —
Oui, déplorable, et plus qu'on ne croit ! Je n'entends pas nier mes fautes ; ce jour les a trop bien prouvées ! mais qu'il est dur de les expier après trente ans d'une vie modeste ! J'étais née, moi, pour être sage, et je la suis devenue sitôt qu'on m'a permis d'user de ma raison. Mais dans l'âge des illusions, de l'inexpérience et des besoins, où les séducteurs nous assiègent pendant que la misère nous poignarde, que peut opposer une enfant à tant d'ennemis rassemblés ? Tel nous juge ici sévèrement, qui, peut-être, en sa vie a perdu dix infortunées !

FIGARO. —
Les plus coupables sont les moins généreux ; c'est la règle.

MARCELINE, *vivement.* —
Hommes plus qu'ingrats, qui flétrissez par le mépris les jouets de vos passions, vos victimes ! C'est vous qu'il faut punir des erreurs de notre jeunesse ; vous et vos magistrats, si vains du droit de nous juger, et qui nous laissent enlever, par leur coupable négligence, tout honnête moyen de subsister. Est-il un seul état pour les malheureuses filles ? Elles avaient un droit naturel à toute la parure des femmes : on y laisse former mille ouvriers de l'autre sexe.

> FIGARO, *en colère.* —
> Ils font broder jusqu'aux soldats !
>
> MARCELINE, *exaltée.* —
> Dans les rangs même plus élevés, les femmes n'obtiennent de vous qu'une considération dérisoire ; leurrées de respects apparents, dans une servitude réelle ; traitées en mineures pour nos biens, punies en majeures pour nos fautes ! Ah ! sous tous les aspects, votre conduite avec nous fait horreur ou pitié !
>
> FIGARO. —
> Elle a raison !
>
> LE COMTE, *à part.* Que trop raison! BRID'OISON. —
> Elle a, mon-on Dieu, raison !

Dans *Le Mariage de Figaro,* représenté pour la première fois en 1784 après presque dix ans de démarches pour l'imposer, Beaumarchais imagine la suite du *Barbier de Séville.* Le valet, Figaro doit épouser Suzanne, première femme de chambre de la comtesse, mais le comte Almaviva, qui s'ennuie désormais de sa femme, s'est mis en tête d'user de son droit de cuissage sur la jolie fiancée et il faudra toute la ruse de Figaro, mais surtout de Suzanne et de la Comtesse pour faire échouer ce projet. De son côté, Marceline, une prude déjà mûre, exige de Figaro qu'il lui restitue l'argent qu'elle lui a prêté, faute de quoi il s'est engagé à l'épouser. À l'acte III, son affaire est jugée au château. Coup de théâtre ! elle reconnaît finalement en Figaro le fils chéri, Emmanuel qu'elle eut d'une liaison avec Bartholo qui refuse néanmoins de le reconnaître comme son enfant et blâme la conduite dévoyée de son ancienne maîtresse. Marceline lui répond et en profite pour prendre la défense de toutes les femmes séduites et trompées et pour accuser les séducteurs hypocrites…

Bartholo vient de refuser d'épouser Marceline et prend prétexte de sa jeunesse coupable. Ce dernier trait de profonde injustice va la décider à épancher son cœur, et de plus en plus violemment comme l'indiquent les didascalies successives « s'échauffant par degrés », « vivement », et enfin « exaltée ». Beaumarchais construit un véritable discours argumentatif en trois temps que scandent les commentaires de son fils Figaro, finalement imité par le Comte et le juge Brid'oison. Les qualités rhétoriques du passage sont ainsi encore renforcées par leur mise en scène.

La reprise par Marceline du mot même que vient d'employer Bartholo signale la vivacité de sa réaction, marquée par l'usage des trois phrases exclamatives, et l'explique. Elle le prend en effet au mot, pourrait-on dire, mais c'est pour le faire entendre dans une autre acception qui introduit sa première tirade. Son ancien amant condamnait par cet adjectif son immoralité, elle va s'employer, elle, à lui redonner aussi son sens premier de pitoyable. Si elle reconnaît ses « fautes » par le biais d'une litote (« je n'entends pas nier »), la fin de sa phrase met déjà en avant sa position de victime. En effet, la scène qu'elle vient de vivre, la reconnaissance de son fils au moment même où elle s'apprêtait à l'épouser (la tragédie d'Œdipe virant *in extremis* en scène de comédie), puis la réaction odieuse de Bartholo, ont constitué deux épreuves à la limite du supportable. Or, elle le rappelle, elle a en fait déjà expié son erreur de jeunesse par « trente ans d'une vie modeste ». Le personnage de duègne que le dramaturge lui avait fait jusque-là endosser, prend dès lors un tout autre sens, de ridicule qu'il était, il devient touchant. Elle va donc poursuivre en élargissant son expérience personnelle (rappelée au début à la première personne du singulier) par l'usage du pronom personnel de la première personne du pluriel « nous » dans la suite du texte. Son erreur ne vient pas d'un manque de sagesse ou de « raison », mais du fait qu'on ne lui a pas permis d'en user. C'est donc parce qu'elle a été maintenue dans un état de dépendance et qu'on lui a refusé l'éducation, qu'elle a pu constituer une proie facile pour le premier séducteur venu. Contre l'aliénation, ce sont les lumières de la raison qui peuvent amener un réel affranchissement. Elle utilise dans la suite une question rhétorique qui souligne son affirmation : l'inégalité des forces en présence. D'un côté, « une enfant », le terme, au singulier, joue sur le pathétique, de l'autre « tant d'ennemis » et « rassemblés. Le mot prolonge la métaphore guerrière débutée plus haut avec « les séducteurs nous assiègent, pendant que la misère nous poignarde ». La personnification de cette dernière en traîtresse renforçant encore l'image. Cette longue interrogative s'ouvre sur un ternaire « dans l'âge des illusions, de l'inexpérience et des besoins », qui résume la condition des toute jeunes filles de condition modeste dont le séducteur, s'offrant comme un protecteur, abuse en profitant de leur naïveté. L'exclamation finale joue sur le principe théâtral de la double énonciation : en s'adressant aux autres personnages présents sur scène, elle s'adresse aussi au public qui est dès lors invité à faire son examen de conscience. La mise en cause se trouve à peine atténuée par le modalisateur « peut-être » que fait vite oublier l'hyperbole finale « dix infortunées ». Elle est commentée juste après par Figaro dans une maxime au pluriel et au présent de vérité générale, encore complétée par le bref constat final en forme de couperet : « C'est la règle. »

Dans sa tirade suivante, Marceline s'adresse directement cette fois aux « Hommes » qu'elle prend à partie dans l'apostrophe initiale qui résume en une épithète, aggravée par le comparatif (« plus qu'ingrats »), le trait majeur de leur comportement qu'elle va développer dans la phrase exclamative encore scandée par la reprise sonore /pri/ de « mépris » pour le /tri/ de « flétrissez » et le /p/ initial de « passions ». Le terme important, « victimes », qui achève de disculper les femmes séduites, se trouve, lui, repoussé en fin de phrase, après la virgule et renforcé par l'allitération en /v/ du possessif « vos », immédiatement relayée à l'attaque de la phrase suivante dans le présentatif « c'est vous ». Ce dernier qui agit comme un déictique, désigne presque physiquement ceux qui désormais se retrouvent à leur tour sur le banc des accusés. Il se détache de surcroît par contraste avec le possessif « notre » qui clôt ce membre de phrase. Le « vous » est encore repris de manière insistante juste après et élargi aux « magistrats », leurs complices. C'est bien ainsi du moins qu'on doit comprendre le possessif « vos magistrats », ceux qui sont de toute façon acquis à la cause des hommes et ne sauraient leur donner tort. L'allitération en /v/ (« vous », « vos », « vains ») confirme cette alliance à l'oreille. La prétention des juges, imbus de leur privilège, est soulignée par l'adjectif « vains » quand l'expression « droit de juger » résonne, elle, comme une antiphrase. Précisément, souligne le texte, ils n'en ont pas le droit. Pire encore, par négligence », mais ce mot, loin de les excuser, aggrave encore leur responsabilité comme le souligne l'adjectif « coupable », ils ont précisément ôté aux « malheureuses filles » (sans prêter attention donc à leur situation misérable) leur droit à elles, et celui-là en revanche est qualifié de « naturel », il est donc parfaitement légitime selon les valeurs du siècle des Lumières. Marceline fait ici référence à une décision que Figaro va confirmer juste après en l'aggravant : l'autorisation pour les hommes d'occuper des emplois jusque-là réservés aux femmes comme la broderie et, plus largement, « toute la parure des femmes ». L'hyperbole finale confirme la vivacité du ton : « mille ouvriers ». Outre que cette décision crée de fait une concurrence qui les prive de leur seul moyen de subsistance, elle revêt un caractère symbolique tout particulier. Il était réservé en effet aux femmes de s'occuper des femmes, or, désormais, de manière très emblématique, ce sont des hommes qui prennent en charge le soin de les parer pour leur propre plaisir.

La réplique de Figaro, prononcée « avec colère », comme l'indique la didascalie, propose une gradation et, en même temps, renforce le caractère antinaturel de la mesure. Des hommes qui brodent, il y a déjà de quoi réagir, mais des « soldats », qu'on imagine plutôt occupés à des tâches plus martiales, ou plus « viriles », selon les conventions de l'époque.

Dans le dernier temps de son réquisitoire, ce qui en constitue l'acmé, Marceline est à présent « exaltée », comme transportée par son statut de porte-parole de la condition féminine, et continue à s'adresser directement aux hommes à la deuxième personne du pluriel. Après avoir exposé le sort des filles d'extraction modeste, elle aborde celui des femmes « dans les rangs plus élevés ». Ce dernier argument constitue une gradation et surtout vise à créer une union de toutes les femmes quelle que soit leur état. C'est en effet à cette seule condition qu'elles peuvent avoir des chances de voir aboutir leurs revendications. Il s'agit donc de démontrer que sous des dehors plus enviables, la condition des femmes de la haute société se révèle tout aussi insupportable et aliénée. Les deux termes initiaux, qui semblent empruntés au lexique de la galanterie mondaine, « considération », « respects », apanage des milieux aristocratiques, ou qui copient leurs manières, sont respectivement ruinés par les adjectifs « dérisoire » et « apparents ». Ces femmes, flattées par un comportement, des paroles, étudiés, sont en réalité « leurrées ». Elles sont finalement tout autant victimes de leurs illusions que la jeune Marceline, malgré leur expérience, malgré leur apparente éducation, malgré leur sentiment de supériorité. Ce moment de la tirade va jouer sur les antithèses soulignées par les constructions binaires : à « respects apparents » répond « servitude réelle ». La formule suivante est à juste titre devenue célèbre tant elle résume efficacement dans un parallélisme sans appel le paradoxe de la condition des femmes : « traitées en mineures pour nos biens, punies en majeures pour nos fautes. » Les deux membres de phrase le composant sont de longueur égale (8 syllabes) pour renforcer encore l'antithèse. Le texte retrouve aussi, en finissant, l'histoire personnelle de Marceline à qui elle donne une traduction universelle. Après une longue phrase, la tirade se clôt sur une exclamation plus brève qui lui sert de conclusion. Marceline est aussi au plus haut de son émotion comme en témoigne l'interjection « ah ». L'inversion du complément « sous tous les aspects », avancé au début de la phrase, permet qu'elle s'achève sur les deux mots les plus forts « horreur » et « pitié ». Ce couple n'est pas sans évoquer, ce n'est sans doute pas un hasard, l'association célèbre de sentiments violents qui font selon Aristote dans sa *Poétique* le propre de la tragédie, la terreur et la pitié. Mais surtout, le dernier mot, rejeté enfin de phrase après la virgule, revêt une force considérable car il permet de finir sur un sentiment de mépris pour les hommes injustes, mais surtout de supériorité des femmes. La démonstration de Marceline a donc inversé magistralement les positions en trois temps. D'accusées qu'elles étaient, les femmes sont devenues accusatrices, de victimes qu'elles étaient, victimes consentantes par l'aveuglement où on les maintenait, et ce, quelle que soit leur condition sociale, elles sont maintenant en mesure de prendre à leur tour leurs anciens maîtres en pitié.

La triple approbation qui suit joue, et de manière très efficace, sur le comique de répétition avec ses variantes savamment étudiées : « Elle a raison ! », « Que trop raison », Elle a, mon-on Dieu, raison ». La dernière intervention du bègue Brid'oison, personnage ridicule, ne ruine pas pour autant la vérité de ce constat, bien au contraire. On assiste plutôt ici à la traduction de trois niveaux d'approbation, tous nécessaires, et qui constituent une gradation. Le fils de Marceline d'abord, Figaro, qui n'a cessé de l'approuver depuis le début de son intervention, ne peut qu'applaudir à ses propos, lui qui précisément vient d'être confronté à l'ingratitude de son père. Il est aussi dans la pièce le porte-parole de la contestation et du combat pour la liberté et la reconnaissance des opprimés. Plus étonnant, le Comte, lui aussi, approuve, même si c'est « à part ». Les autres personnages ne l'entendent donc pas, mais le public, lui, si. Or, le Comte incarne précisément cette figure du séducteur dont on découvre depuis le début de la pièce qu'il s'est fait devoir de faire la cour à toutes les belles, quels que soit leur âge ou leur condition. Sans doute aussi, a-t-il entendu dans la dernière tirade de Marceline, un tableau assez ressemblant de son comportement avec les femmes, et la sienne en particulier, la Comtesse, l'ancienne Rosine, que son rang ne met pas à l'abri. Enfin, avec Brid'oison, c'est l'incarnation de la justice elle-même qui semble ainsi reconnaître ses torts. Dès lors, l'invocation à Dieu ne relève peut-être pas uniquement du comique.

La grande force de cette scène réside donc dans le fait que cette dénonciation, très argumentée, allie à la force oratoire une mise en scène efficace dont le moindre mérite n'est pas de donner finalement aux spectateurs la conclusion qu'ils doivent eux-mêmes en tirer. On en retrouve l'écho dans certains articles de la *Déclaration des droits de la femme et de la citoyenne* comme l'article 11 (« Toute citoyenne peut donc dire librement, je suis mère d'un enfant qui vous appartient, sans qu'un préjugé barbare la force à dissimuler la vérité »), ou dans le tableau qu'Olympe de Gouges brosse dans le postambule du sort misérable de la jeune fille séduite et abandonnée ou de la courtisane d'un milieu plus élevé, mais tout aussi esclave. Elle proposera des mesures concrètes pour mettre fin à ces injustices. Mais, en 1784, les acteurs de la Comédie-Française, obtiennent de Beaumarchais qu'il coupe ce passage jugé par eux trop provocateur ; il est vrai qu'ils ne se montrent pas plus indulgents à l'époque pour Olympe.

Bibliographie

Œuvres d'Olympe de Gouges

- *Lettre au peuple et autres textes*, Gallimard, « Folio sagesses », 2018.
- *« Femme, réveille-toi ! » Déclaration des droits de la femme et de la citoyenne et autres écrits*, Gallimard, Folio, 2014.

  On trouvera dans ces deux petits volumes l'essentiel des textes politiques, depuis les brochures publiées entre novembre 1788 et mai 1789 jusqu'aux derniers écrits comme *l'Adresse au Tribunal révolutionnaire* de septembre 1793.
- *Déclaration des droits de la femme et de la citoyenne*, Mille et une nuits, 2020.

Sur Olympe de Gouges

- Benoîte Groult, *Ainsi soit Olympe de Gouges*, Grasset, 2013.

  Un recueil des textes politiques sur toute la période, précédé d'une longue introduction.
- Olivier Blanc, *Marie-Olympes de Gouges, une humaniste à la fin du XVIIIe siècle*, éditions René Viénet, 2003.
- *Olympe de Gouges. Des droits de la femme à la guillotine*, Tallandier, 2014.

  Deux ouvrages de références qui proposent une biographie très documentée et très abordable de l'auteure en mettant au jour les enjeux essentiels.

- Michel Faucheux, *Olympe de Gouges*, Gallimard, « Folio Biographies », 2018.

  Ouvrage accessible qui reprend le parcours d'Olivier Blanc, en insistant sur la dimension théâtrale d'une auteure qui écrit son rôle dans l'Histoire.

Sur les femmes dans la Révolution

- Dominique Godineau, *Citoyennes tricoteuses, les femmes du peuple à Paris pendant la Révolution française*, Alinéa, 1988.

  Un ouvrage précis et nourri de multiples références et analyses, qui suit chronologiquement la participation des femmes aux différentes phases de la Révolution, mais propose aussi des synthèses sur leur sociologie, leur rôle et leur organisation.

- Christine Le Bozec, *Les femmes et la Révolution*, 1770-1830, Passés composés, 2019.

  L'auteure analyse le rôle des femmes durant la Révolution, les acquis de 1789-1792 puis la réaction qui suit 1795 jusqu'aux prémices d'un nouveau féminisme après 1830.

Sur la Révolution française

- Frédéric Bluche, Stéphane Rials, Jean Tulard, *La Révolution française*, PUF, « Que sais-je ? », 1989 pour la première édition.
- François Furet, *La Révolution*, Hachette, « Pluriel », 1988.
- Jean-Clément Martin, *Nouvelle histoire de la Révolution française*, Perrin, « Tempus », nouvelle édition 2019.

Sur la Déclaration des droits de l'homme et du citoyen

- Stéphane Rials, *La Déclaration des droits de l'homme et du citoyen*, Hachette, « Pluriel », 1988.

  Un ouvrage d'historien très complet qui retrace la genèse du texte, en analyse l'esprit et les articles et propose un riche choix de projets l'ayant inspiré.

Sur la réécriture de la Déclaration au féminin

- https://www.cairn.info/revue-1-annee-sociologique-2003-1page-197.htm

Imprimé en Italie par «La Tipografica Varese Srl» Varese